Wilhelm Hennis

Das Problem der Souveränität

Wilhelm Hennis

Das Problem der Souveränität

Ein Beitrag zur neueren Literaturgeschichte
und gegenwärtigen Problematik
der politischen Wissenschaften

(1951)

Mit einem Vorwort von

Christian Starck

Mohr Siebeck

ISBN 3-16-147974-2

Die Deutsche Bibliothek verzeichnet diese Publikation in der Deutschen Nationalbibliographie; detaillierte bibliographische Daten sind im Internet über *http://dnb.ddb.de* abrufbar.

Das Buch wurde von Computersatz Staiger in Rottenburg/N. aus der Bembo Antiqua gesetzt, von Gulde-Druck in Tübingen auf alterungsbeständiges Werkdruckpapier gedruckt und von der Großbuchbinderei Heinr. Koch in Tübingen gebunden.

Vorwort

Als im Wintersemester 1945/46 an der Georg-August-Universität in Göttingen die Vorlesungen wieder aufgenommen wurden, begann Wilhelm Hennis mit vielen anderen Kriegsteilnehmern hier sein Studium der Rechts- und Staatswissenschaften. Bereits nach sieben Semestern schloß er es im Oktober 1949 durch das erste juristische Staatsexamen am Oberlandesgericht Celle mit der Note »gut« ab. 1950 schrieb er unter dem damals üblichen Zeitdruck seine juristische Doktorarbeit über das Problem der Souveränität. Wenn mehr als 50 Jahre später anläßlich des 80. Geburtstages von Wilhelm Hennis die Doktorarbeit erstmalig gedruckt vorgelegt wird, bedarf dies einiger Worte der Begründung.

Hennis sieht im Begriff der Souveränität ein Grundproblem des sozialen Zusammenlebens eingefangen und äußert daher Skepsis gegen jedwede formalistische Verengung oder gar wissenschaftliche Erledigung des Problems. Sein wissenschaftliches Programm ist die Würdigung der neueren Literatur zur Souveränität seit der 2. Hälfte des 19. Jahrhunderts, die Untersuchung der »außerrechtlichen Voraussetzungen« der Existenz des souveränen Einzelstaates sowie das Problem der Grenze und des Sinns der Souveränität aus staatsrechtlicher und völkerrechtlicher Sicht. Von diesem Programm werden in der Doktorarbeit nur die ersten beiden Teile, nämlich der literaturgeschichtliche und der politikwissenschaftliche, ausgearbeitet, wobei auch schon Grenze und Sinn der Souveränität zur Sprache kommen.

Mit großer Sensibilität spürt Hennis im ersten Teil den Formalisierungs- und Schrumpfungsprozessen nach, denen das Problem der Souveränität im Zeitalter des Positivismus ausgesetzt war. Im Kontrast dazu folgt die Darstellung der Souveränitätslehre der Weimarer Zeit, die durch die Schriften Carl Schmitts und seines Antipoden Hermann Heller präsentiert wird. Weder die souveräne Dezision über die Ausnahme (C. Schmitt) noch die Betonung herrschaftlicher Entscheidung

(H. Heller) genügen Hennis für die Erklärung der Souveränität. »Denn alles wahre, geschichtlich beständige Recht beruht auch dort, wo es von einer souveränen Willenseinheit positiviert wird, nicht nur auf einer Entscheidung, sondern auf einer der Entscheidung vorgeordneten Verständigung« (S. 59). Dieser Kernsatz der Doktorarbeit wird kurz mit historischen Beispielen (lex rogata, Einung, Zusammenwirkung mehrerer Organe bei der Gesetzgebung usf.) belegt. Angedeutet wird auch, daß geschichtlich bewährte Werte die Entscheidungen über das Recht bestimmen.

Hennis will die Souveränität materiell erfassen und rechtfertigen aus dem Blick auf die Aufgaben des Staates, um deren willen er überhaupt nur souverän sei. Diese Gedanken führen ihn zur Zürcher Schule (Dietrich Schindler sen., Hans Haug), die unmittelbar nach dem Krieg für viele junge deutsche Juristen, die neue Orientierung suchten, eine starke Anziehungskraft hatte. Die erste Überschrift im Abschnitt über die Zürcher Schule lautet: »Der Wert des Einzelnen als Schranke der staatlichen Souveränität«. Hier kommt es noch einmal zu einem scharfen Kontrast durch ein Zitat von Carl Schmitt aus dem Jahre 1914[1], wonach nicht der Staat eine Konstruktion der Menschen sei, sondern sich im Gegenteil der Staat aus jedem Menschen eine Konstruktion mache (S. 68). Hennis zeigt, wie in der Zürcher Schule die Souveränität ein relativer Begriff wird und höchste Mächtigkeit nicht Allmächtigkeit bedeutet.

Die nach der Zürcher Schule durch die Beziehung auf Gott heteronom gesetzte Beschränkung des Staates findet normativen Ausdruck in der Präambel und in Artikel 1 des Grundgesetzes, die, 1949 in Kraft getreten, Hennis aber noch nicht erwähnt. Das deutsche Volk, das sich das Grundgesetz nach der Präambel »im Bewußtsein seiner Verantwortung vor Gott und den Menschen« gegeben hat, bekennt sich in Artikel 1 Absatz 2 »zu unverletzlichen und unveräußerlichen Menschenrechten als Grundlage jeder menschlichen Gemeinschaft, des Friedens und der Gerechtigkeit in der Welt«. Damit liegt zwar eine autonom vorgenommene Beschränkung der verfassunggebenden Gewalt vor, die sich aber heteronom gebunden wußte.[2] Die Begrenzung der Souveränität durch die Letztwertigkeit des Menschen macht die

---

[1] Carl Schmitt, *Der Wert des Einzelnen und die Bedeutung des Staates,* 1914.

[2] Zur Bedeutung des Gottesbezugs in der Präambel vgl. Christian Starck, in: v. Mangoldt/Klein/Starck, *Bonner Grundgesetz. Kommentar.* Bd. I, 4. Aufl. 1999, Präambel, Rdnr. 36–39, auch zur entsprechenden Diskussion in der Schweiz.

bleibende staatsrechtliche[3] und völkerrechtliche[4] Aktualität der vorliegenden Doktorarbeit aus.

Aktuell geblieben ist aber auch die Erörterung der außerrechtlichen Voraussetzungen der Existenz des souveränen Einzelstaates insbesondere im Hinblick auf die neuere Entwicklung der Europäischen Union. Hennis geht hier einen sehr instruktiven Umweg, indem er Kategorien der älteren Souveränitätslehre prüft: Autarkie, wertbestimmte Individualität (»Einheit«) und staatsbürgerliche Gesinnung. Autarkie, in Verbindung gebracht mit dem Imperialismus des 19. Jahrhunderts und dem nationalsozialistischen Großraum-Denken, wird als untragbare Gefährdung des friedlichen Zusammenlebens der Völker bezeichnet und deshalb als Voraussetzung der Souveränität abgelehnt. Die internationalen Verflechtungen des Hochkapitalismus verbänden zwar die Staaten, lockerten aber die tieferen Bande der Völkergemeinschaft und die Individualität (Einheit) des einzelnen Staates. Kompensatorisch sieht Hennis die Wirkung staatsbürgerlicher Gesinnung. Unter Berufung auf die alte Erfahrung, daß der Mensch erst in der Verantwortung stehend auch frei im sittlichen Sinne werde, kommt Hennis zu folgender treffender Feststellung: »Die zur Aufhebung des Wertes des Einzelmenschen führenden Ideen des Kommunismus und Faschismus gediehen gerade dort am besten, wo die Masse der Bürger eine politisch isolierte und unbeteiligte Existenz führte, nicht eingetan war in die Aufgaben und Verantwortungen einer höheren politischen Gemeinschaft, in der auch des Einzelnen sonst unbeachtete Person einen politischen Eigensinn bekommt« (S. 104).

Was die Lokalisierung der Souveränität anbelangt, warnt Hennis vor jeder Hochzonung auf höhere Einheiten als die Nationalstaaten. Interessant ist der sehr aktuell wirkende Hinweis auf höhere Gebilde[5], »die auf der Grenze zwischen staatenbündischen und bundesstaatlichen Organisationsformen liegen« (S. 105). Zu fragen sei nach der notwendigen sozialen Homogenität, Stabilität und der aktiven staatsbürgerlichen Gesinnung, die Voraussetzungen für ein demokratisches Gemeinschaftsleben seien. Die Lebenszusammenhänge des Durch-

---

[3] Art. 1 Grundgesetz; dazu CHRISTIAN STARCK, *Der demokratische Verfassungsstaat,* 1995, S. 161 f., 167 f.

[4] Internationaler Pakt über bürgerliche und politische Rechte vom 19. Dezember 1966.

[5] Dazu THOMAS SCHMITZ, *Integration in der supranationalen Union,* 2001, S. 178 ff.

schnittsmenschen seien maßgebend; sie dürften nicht durch Lockerung der Institutionen desintegriert werden.

Ganz in diesem Sinne hat das Bundesverfassungsgericht 1993 im Maastricht-Urteil ausgeführt:[6] »Demokratie, soll sie nicht lediglich formales Zurechnungsprinzip bleiben, ist vom Vorhandensein bestimmter vorrechtlicher Voraussetzungen abhängig, wie einer ständigen freien Auseinandersetzung zwischen sich begegnenden sozialen Kräften, Interessen und Ideen, in der sich auch politische Ziele klären und wandeln ... und aus der heraus eine öffentliche Meinung den politischen Willen vorformt. Dazu gehört auch, daß die Entscheidungsverfahren der Hoheitsgewalt ausübenden Organe und die jeweils verfolgten politischen Zielvorstellungen allgemein sichtbar und verstehbar sind ....«.

Hennis warnt vor der Übertragung der Souveränität auf größere Einheiten, weil dies das Phänomen politisch unverantwortlicher Menschen verschärfe und obrigkeitsstaatliche Strukturen und Gesinnungen fördere. Diese Analyse trifft auch heute noch zu. Deshalb kann die Europäische Union nicht ungeachtet der tatsächlichen inneren Einheit und losgelöst von demokratischen Strukturen weiter ausgebaut werden. Hennis warnt davor, den Staat nur noch nach seiner technischen Funktion als Rechtssicherungsorganisation zu bewerten. Dieses Denken leugne die Geschichte als etwas »Wirkliches« und Verpflichtendes und das Staatsleben als ein selbständiges Geistes- und Kulturgebiet (S. 115).

Wer die in lebhaftem und frisch wirkendem Stil geschriebene Erstlingsarbeit von Hennis liest, entdeckt eine Fülle von Gedanken, die er später in seinem politikwissenschaftlichen Arbeiten weiterentwickelt hat. Er hat sich in der Dissertation Wege gebahnt, die ihn alsbald von der Jurisprudenz zur Politikwissenschaft führten.[7] Bereits seine Habilitationsschrift (1959) war der Rekonstruktion der politischen Wissenschaft[8] gewidmet. Immer wieder ging es ihm auch später um Grundfragen der Politikwissenschaft[9]: Tocquevilles ‚Neue politische

---

[6] BVerfGE 89,155,185.

[7] Siehe dazu HENNIS selbst, Politikwissenschaft als Beruf. »Erzählte Erfahrung« eines Fünfundsiebzigjährigen, in: DERS., *Regieren im modernen Staat,* 1999, S. 381, 403 ff.

[8] So der Untertitel des Werkes *Politik und praktische Philosophie,* Neuwied 1963, Nachdruck in: WILHELM HENNIS, *Politikwissenschaft und politisches Denken,* 2000, S. 1 ff.

[9] Die im folgenden genannten Arbeiten sind enthalten in dem in der vorangegangenen Anmerkung zitierten und in dem Sammelband *Regieren im modernen*

Wissenschaft'(1982), Der Geist des Rationalismus und die moderne Politik (1981) und zuletzt Integration durch Verfassung (1999). Der Bürger in der Demokratie bleibt Gegenstand seines Interesses vor allem in Motive des Bürgersinns (1962), Das Modell des Bürgers (1957), Meinungsforschung und repräsentative Demokratie – Zur Kritik politischer Umfragen (1957), Amtsgedanke und Demokratiebegriff (1962).

Der Aufbau der Doktorarbeit, die Art der Argumentation, die Heranziehung der Gesichtspunkte aus Geschichte, Soziologie und juristischem Schrifttum zeigen circumspektives Denken, das Hennis im Gegensatz zum prospektiven Denken selbst später wie folgt umschrieben hat[10]: »circumspektiv, um sich herumschauend, rückwärts und vorwärts, nach oben und nach unten, nach links und nach rechts – das prospektive Denken ist einzig auf ein, auf sein Ziel fixiert .... Vernünftiges Verhalten bezeichnen vernünftige Menschen auch heute noch im allgemeinen als umsichtig. Ein solches Verhalten wird durch Erfahrung geleitet, durch Sorge, durch Vorsicht, nicht im Sinne eines prospektiven Zielfixierens.« Rudolf Smend, der Erstgutachter im Promotionsverfahren, hat am Ende seines ausführlichen Gutachtens vom 17. 1. 1951 diese Umsicht dahin gewürdigt, daß sich in ihr »eine bei einem Doktoranden seltene wissenschaftliche, menschliche, ich meine auch sagen zu sollen, politische Reife« zeige. Und sachlich schien ihm »die Arbeit ein Musterbeispiel fruchtbarer Leistung auf staatstheoretischem Gebiet« zu sein.

Göttingen, im November 2002 Christian Starck

Staat, 1999. Zu den beiden Sammelbänden siehe CHRISTIAN STARCK, *Menschenbild, Institutionen und Ethos.* Zur circumspektiven Politikwissenschaft von Wilhelm Hennis, in: *Juristenzeitung,* 55. Jg., 2000, S. 927 ff.

[10] HENNIS (Anm. 7), S. 349.

Inhaltsverzeichnis

Vorwort von Christian Starck V

Einleitung: Die Problemlage 1

1. Teil

Die neuere deutsche Literaturgeschichte des Souveränitätsproblems als Problem der »souveränen Staatsgewalt«

I. Einführung 11

II. Die Auflösung des Souveränitätsbegriffs 14

1. Die Formalisierung des Begriffs von Stahl bis Jellinek und Anschütz 14
2. Die Eliminierung des Begriffs durch Hugo Preuss . . . 21
3. Krabbes Lehre von der Rechtssouveränität 24
4. Kelsens Theorie der Identität von Staats- und Rechtssouveränität 28
5. Souveränität und Formprinzip 32

III. Gegenbewegungen: Die Souveränitätslehren der Weimarer Zeit 33

1. Allgemeiner Überblick 33
2. Carl Schmitts Lehre der souveränen Dezision über die Ausnahme 37

Anhang 45

3. Hermann Hellers Souveränitätslehre 49

IV. Die christlich-liberale Zürcher Schule und ihre Reaktion gegen die Erneuerung des Souveränitätsdenkens 67
1. Der Wert des einzelnen als Schranke der staatlichen Souveränität 67
2. Die Theorie der dialektischen Souveränität von HANS HAUGS 70

2. Teil

Der souveräne Einzelstaat
Außerrechtliche Voraussetzungen seiner Existenz

I. Die gegenwärtige politikwissenschaftliche Problematik der Souveränität 77
II. Soziale Autarkie als Voraussetzung des souveränen Staates 81
III. Wertbestimmte Individualität (»Einheit«) als Voraussetzung des souveränen Staates 89
IV. Aktive staatsbürgerliche Gesinnung als Voraussetzung der Souveränität des demokratischen Einzelstaates 98
V. Folgerungen: Die Lokalisierung der Souveränität 104

Literaturverzeichnis 119

Personenregister 125

Einleitung

Die Problemlage

Ein Versuch, der es nach so unendlich vielen Vorgängern unternimmt, das Souveränitätsproblem erneut aufzugreifen, und der dem alten Worte wenigstens in einiger Hinsicht einen neuen Sinn abgewinnen möchte, steht nicht nur unter dem Zwange einer langen Tradition, sondern heute auch im Bann eines fragwürdig gewordenen Wortes. In der Theorie der letzten 100 Jahre scheint mit einer bis ins Absurde gehenden Überhöhung des Souveränitätsbegriffes eine so vollkommene Entleerung Hand in Hand gegangen zu sein, daß eine Beschäftigung mit seiner Problematik – zumindest unter dem alten Begriff – heute für nicht wenige jeden Sinnes entbehrt. »Kein politischer Gemeinplatz ist trockener und unfruchtbarer geworden als die Doktrin der Souveränität des Staates«[1], – so hieß es schon vor über einem Menschenalter. »Radix malorum« nannte sie Hugo Preuss[2], einen »vieux fètiche« ein belgischer Parlamentarier in den zwanziger Jahren[3]. Die »Häresie unserer Zeit« apostrophierte sie ein katholischer Kirchentag, und in dem Gelingen, sie als eine solche zu entlarven, sieht ein anderer einen unumgänglichen Schritt in eine bessere Zukunft[4]. Dabei richtet sich diese völlige Infragestellung der Souveränität in gleicher Weise gegen die »Omnipotenz« des Staates nach innen wie gegen seine Unabhängigkeit nach außen, gegen die Theorie wie gegen die da-

---

[1] Anonym: »The Superstition of the State«, in *London Times Literary Supplement,* XVII (July 1918), 329.

[2] *Gemeinde, Staat, Reich als Gebietskörperschaften,* Berlin (1889), S. 98.

[3] Der Senator Lafontaine am 2. 3. 1926 in der belgischen Kammer. Zit. nach Schindler, *Die Schiedsgerichtsbarkeit seit 1914,* Stuttgart (1938), S. 22.

[4] Carlo Schmid, Heft 4 der Schriften der Heidelberger Aktionsgruppe, Heidelberg (1948), S. 70. Vgl. auch Jacques Maritain, The Concept of Sovereignty, in *The American Political Science Review,* Vol. XLIV, Nr. 2 (June 1950), S. 343 ff.

mit verknüpfte politische Wirklichkeit. Einen »Popanz« hat man den alten Souveränitätsbegriff genannt[5].

Damit könnte es naheliegen, nicht nur das Wort preiszugeben, sondern auch in der ganzen dem Begriff zugrundeliegenden sachlichen Problematik heute nichts als eine Scheinproblematik zu sehen. Man befände sich im Einklang mit weit verbreiteten Meinungen und trüge kaum noch die Beweislast für ihre Richtigkeit.

Für diese Arbeit muß eine andere Auffassung maßgebend sein. Sie geht davon aus, daß es so etwas wie eine Souveränitätsproblematik durch 2 1/2 Jahrtausende – unter vielen Namen und bewußt geworden in den verschiedensten Zusammenhängen – überall dort gegeben hat und weiter geben wird, wo eine Mehrzahl von relativ unabhängigen Gemeinwesen miteinander hat leben und auskommen müssen. Sie versteht das Souveränitätsproblem, ohne dies zum eigentlichen Gegenstand der Untersuchung zu machen, als ein Grundphänomen des sozialen Zusammenlebens. Daß es sich um ein Phänomen dieser Art handelt, ist erst von der Theorie der neueren Zeit in Frage gestellt worden. Es sind vor allem die über 100 Jahre bis heute so gut wie unangefochten geltende Begrenzung des Problems auf das *Rechts*problem der souveränen Staatsgewalt und eine zum verfassungsgeschichtlichen Glaubenssatz gewordene Auffassung von der völligen Einmaligkeit und dem qualitativ völligen Anderssein des modernen nachmittelalterlichen Staates, die die Erkenntnis der durchgehenden Gemeinsamkeit oder zumindest Ähnlichkeit der staatstheoretischen Problematik so stark gehemmt haben, daß jeder, der heute das Souveränitätsdogma für veraltet und überholt erklärt, der allgemeinen Zustimmung sicher sein kann.

Denn mag die ganze Fülle historischer und staatstheoretischer Anschauung auch nur durch Konzentration auf konkrete und spezifische Eigentümlichkeiten einer Epoche erreicht werden können, so verengend und sinnentleerend muß sich historisches und politisches Individualitätsdenken auswirken, werden dabei die größeren durchgehenden Zusammenhänge außer acht gelassen oder geradezu geleugnet. Wie der Mensch durch die Jahrtausende hindurch, soweit wir uns darüber Rechenschaft ablegen können, nie ein »völlig« anderer geworden ist, so haben auch die Formen seines Zusammenlebens jederzeit unter wenigstens in einigen Hinsichten ähnlichen sach- und

[5] Carl Bilfinger, Souveräne Gleichheit und internationale Ordnung, *SJZ*, 1/IV (1949), Sp. 31.

menschengebundenen Notwendigkeiten gestanden, mochte man sie für unser Problem mit Begriffen wie Autarkie, ›societas perfecta‹ oder Souveränität umschreiben. Wie unfruchtbar eine auf die Spitze getriebene »Einmaligkeits«-Historie und -Staatstheorie werden kann, zeigt die breite Literatur, die in dem Fällen von Zurechnungsurteilen, ob dieses oder jenes politische Gebilde dem »Begriffe« des modernen, durch seine Souveränität qualifizierten Staates zu subsumieren sei, ein ernsthafter Behandlung würdiges wissenschaftliches Problem sieht. Das Ende ist zwangsläufig nicht eine sachgemäße Ordnung der Erscheinungen, sondern scholastischer Nominalismus[6]. Das Verstehensschema, mit Hilfe dessen man ein Problem diesem Dogma der Einmaligkeit des modernen Staates entsprechend abtun kann und in der Literaturgeschichte unseres Problems des öfteren getan hat, ist dabei denkbar primitiv. Man relativiert die Geltung des Problems, das man zuvor auf einige wenige Bedeutungen hat einschrumpfen lassen, auf einen bestimmten Zeitraum, erklärt diesen für »abgeschlossen« und hat damit auch das Problem selbst, als nunmehr bloß »historisches«, wissenschaftliches erledigt.

Dabei ist einer in der Zeit stehenden Wissenschaft vom Staat eine Auseinandersetzung mit dem Souveränitätsproblem von der uns umgebenden und noch keineswegs abgetanen politischen Wirklichkeit aufgegeben wie kaum ein anderes. Seine Wichtigkeit selbst bestimmt das Problem.

Es sind im wesentlichen drei Fragen, die die Gegenwart erneut und dringender denn je gestellt hat. Zunächst – alle anderen vorabbestimmend – die von einem rein juristischen Ausgangspunkt aus kaum lösbare, allenfalls an der Grenze von Staats- und Völkerrecht liegende Frage nach der angemessenen Lokalisierung der Souveränität. Wer soll souverän sein: Die bestehenden Nationalstaaten, größere bundesstaatliche Verbände oder gar der Weltstaat? Für jede Untersuchung, die nicht von der bequemen Voraussetzung ausgeht, unsere überkommenen Schemata der Staatenverbindung – Einheitsstaat, Bundesstaat und Staatenbund – enthielten für alle Zukunft die alleinmögliche Lösung, stellt sich damit zugleich ganz natürlich und unabweisbar die Frage nach der Angemessenheit unserer völkerrechtlichen Begriffe, unseres auf der staatlichen Souveränität aufbauenden völkerrechtlichen Systems überhaupt. Die Dringlichkeit des Problems sollte es unmöglich

[6] Das gilt wohl auch für Ernst Kern, *Moderner Staat und Staatsbegriff*, Hamburg (1949).

machen, weiterhin all jenen zu folgen, die zwar die »Anzeichen der Auflockerung der alten Völkerrechtsordnung« nicht mehr »zu übersehen« vermögen oder den »grundlegenden Strukturwandel« des Völkerrechts als eingetreten oder in Kürze bevorstehend erklären, doch aber einer und wenn auch nur versuchsweisen Erklärung dieser Wandlung aus dem Wege gehen. Zumindest eine nähere Problemumschreibung sollte versucht werden[7].

Der zweite Fragenkreis, der mit dem Souveränitätsproblem untrennbar verbunden ist, ist der nach der »Grenze« oder – zuvor und zugleich – die nach dem »Sinn« der Souveränität der staatlichen Gewalt. Diese Frage ist in der deutschen staatsrechtlichen Literatur der letzten dreißig Jahre gegenüber dem im Vordergrund stehenden Problem der Seinsnatur der staatlichen Einheit (bei CARL SCHMITT und HERMANN HELLER unter diesem Stichwort, bei RUDOLF SMEND unter dem der Integration) stark zurückgetreten. Nach so furchtbaren Erfahrungen mit totalen, grenzenlosen Staatswesen muß die alte Frage trotz aller Abendröte liberaler Gedanken wieder zu ihrem alten Rechte kommen. Sie stellt sich am klarsten, wenn man die Souveränität der Staatsgewalt als Grenzfall für das Problem öffentlicher Gewalt und öffentlichen Rechts überhaupt versteht. Nur in diesem weiteren Zusammenhang ist dieser Ausschnitt des Problems daher sachgemäß zu behandeln. Die Lehre von der Souveränität wird dort identisch mit der Lehre ihrer Legitimität.

Die dritte Frage entbehrt des Fragecharakters, indem sie sich auf einen Stoff bezieht, der hier zunächst referiert werden soll. Bei der großen Traditionsverknüpftheit des Problems wird sich jedoch eine einführende Literargeschichte rechtfertigen lassen, die sich auf den Zeitraum beschränken soll, in dem die heute herrschende Souveränitätslehre ihre Ausprägung gefunden hat. Seine Rechtfertigung findet ein solcher Überblick auch darin, weil hier auf ein vorgegebenes geschichtliches Erbe hinzuweisen ist, das erst in den letzten 50 bis 100 Jahren infragegestellt worden ist. Eine Fortführung der staatstheoretischen Literatur in Deutschland wird in jedem Falle den Weg über eine Auseinandersetzung mit der Literatur der Weimarer Zeit

[7] Den stärksten Anstoß in dieser Frage seit Kriegsende bedeutet J. L. BRIERLYS: *The Outlook for International Law,* Oxford (1944), deutscher Buchtitel als *Die Zukunft des Völkerrechts*, Zürich (1947), mit einem Vorwort DIETRICH SCHINDLERS. Alles Wesentliche findet sich aber schon angedeutet in den verstreuten völkerrechtlichen Schriften MAX HUBERS, jetzt gesammelt als Band 3 der Vermischten Schriften, *Gesellschaft und Humanität*, Zürich (1948).

nehmen müssen, eine Auseinandersetzung, die über so viele Jahre nicht in echter Freiheit fortgeführt werden konnte. Eine breitere Darstellung der Souveränitätslehre CARL SCHMITTS und HERMANN HELLERS schien daher schon aus diesem Grunde besonders gerechtfertigt zu sein. Politische Theorie als gültige Projektion des in einem Volke vorherrschenden politischen Denkens wird sich zudem immer wieder selbst zum Problem, eben als Projektion dieses Denkens. Sie muß es insbesondere dann werden, wenn Fragwürdigkeiten einer politischen Theorie in so besonders enger Beziehung zu den Fragwürdigkeiten einer Geschichte stehen, wie dies für weite Strecken des deutschen politischen Denkens der letzten Jahrzehnte der Fall ist. Die Wissenschaftsgeschichte des Souveränitätsbegriffes, des »höchsten« Begriffs des Staatsrechts, liefert manchen Stoff für eine Durchmusterung der deutschen politischen Theorie unter diesem Gesichtspunkt. Schärfer als jeder andere Begriff zeigt seine Literargeschichte jenen Mangel der Mitte, der für die Staatsidee der jüngeren Zeit so oft kennzeichnend ist: ihre Verkrampftheit, Aufgeregtheit, Kompromißsucht, romantische Moralfeindschaft, ihren Harmonieglauben.

Das erste und zweite Problem haben ihre zeitgenössische Literatur, wenn auch zumeist unter anderem Stichwort. Für den staatsrechtlichen Positivismus zwar existieren beide nicht, da sie im Rahmen einer rein rechtlichen Betrachtung nicht beantwortet werden können. Des Problems der Staatenverbindungen hat sich die breite föderalistische Literatur angenommen, für die jedoch der Wert größerer bundesstaatlicher Zusammenschlüsse so unbestreitbar ist, daß man mit ihr nur sehr schwer diskutieren kann. Das gilt insbesondere für alle Weltstaatsanhänger, die sich in einem ideologischen Utopismus verlieren, der der Sentimentalität und dem Zynismus gleich nahe kommen kann[8]. Aber auch die europäische Föderalistenbewegung mit ihren Konkretisierungen in den Straßburger Anfängen könnte ihr Ziel, die Sicherung eines freiheitlichen demokratischen Europas, durch die alleinige Orientierung an einer polemisch dogmatisierten Vorstellung des kriegslüsternen souveränen Einzelstaates in Frage stellen. Kann sie doch als Alternative nur das Schema einer überstaatlichen Vereinigung anbieten, das mit der alten Souveränitätsvorstellung viel zu eng

---

[8] Dazu vorzüglich R. NIEBUHR, The Myth of World Government in: *The Nation* (March 16, 1946) und DERS., *Die Kinder des Lichts und die Kinder der Finsternis*, München (1947) insb. S. 112. Vgl. auch E. HEIMANN, *Freedom and Order*, New York (1947), pp. 142 ff.

verwachsen ist, als daß man das eine hoch und heilig halten und das andere in den Orkus werfen könnte. Nicht jede beliebige, durch eine Verfassung zusammengehaltene Verbindung von bisher selbständigen Staaten kann souverän sein! Solange man den Souveränitätsbegriff als bloß formalen Rechtsbegriff versteht, wird man das leugnen. Einige der soziologischen Bedingungen der staatlichen Souveränität aufzuzeigen, die für die ältere Staatslehre noch Selbstverständlichkeiten waren, muß daher ein Hauptanliegen einer heutigen Souveränitätstheorie sein. Nur von dort her ist eine Antwort auf das entscheidende Problem der Lokalisierung der Souveränität möglich.

In der neueren deutschsprachigen Literatur zum Problem der Grenzen des Staates und damit auch des Sinnes seiner Souveränität lassen sich zwei sehr entgegengesetzte Richtungen unterscheiden. Die eine anerkennt den Staat als notwendiges Übel, möchte seine Wirksamkeit aber in nahezu allen Bereichen, die bisher den Inhalt seiner Tätigkeit ausmachten, so stark einschränken, daß von ihm nur ein unter der Firma »Staat« zeichnender Apparat übrigbleibt, der, sorgsam reguliert, für sorgfältig ausgesparte Aufgaben vorsichtig benützt, seinen gewissen Wert behalten soll. Diese Meinung, die sich am kompromißlosesten in den jüngsten Schriften der Bischöfe BERGGRAV[9] und DIBELIUS[10] ausspricht, scheint sich uns von den politisch-soziologischen Gegebenheiten unserer Zeit zu sehr zu entfernen, als daß sie mehr sein könnte als eine ernste und gewiß nicht zu überhörende Warnung vor den totalitären Versuchungen jedes modernen Staates. Aber eine Souveränitätstheorie, die wie jede echte politische Theorie der Wirklichkeit gemäß sein muß und der wirklichen Zeit eine mögliche Aufgabe zu stellen hat, läßt sich vom skeptischen Ausgangspunkte dieser Richtung her nicht entwickeln. Sie bleibt in der Leugnung und Verneinung der Souveränität des Staates stecken, ohne an den Dingen doch etwas ändern zu können[11].

Auf der anderen Seite, dieser negativen Stellung zum Staat durchaus entgegengesetzt, sucht eine an Gefolgsleuten gewinnende Lehre, das Charakteristische des modernen Staates gedanklich und sachlich mit der Kategorie des »Verwaltungsstaates« in den Griff zu bekom-

---

[9] *Der Staat und der Mensch,* Hamburg (1950).

[10] *Grenzen des Staates,* Tübingen (1949).

[11] Auch auf christlichem aber reformiertem Boden entstand die ganz anderen Charakter tragende, durch EMIL BRUNNER und ABRAHAM KUYPER besonders bestimmte Theorie des Schweizers HANS HAUG, die im ersten Teil dieser Arbeit ausführlich wiedergegeben wird.

men. Von CARL SCHMITT als Gegenbegriff zum »parlamentarischen Gesetzgebungsstaat« des 19. Jahrhunderts als erstem ausführlicher entwickelt[12], sucht man mit diesem Begriff die eigentümliche Ausdehnung der staatlichen Tätigkeit in allen industrialisierten Staaten seit dem ersten Weltkrieg zu verstehen. Insbesondere ist es die Verlagerung seines Schwergewichts von der Legislative auf die für schnelle, zweckmäßige Aufgabenerfüllung geeignetere Exekutive, die man mit diesem Begriffe zu deuten und zu rechtfertigen sucht.

Die Bedeutung dieser Lehre liegt darin, entschieden auf die enorme Erweiterung der staatlichen Aufgaben und Tätigkeiten hinzuweisen, eine Erweiterung, die die Struktur des modernen Staates so sehr zu ändern unternimmt, daß man ihr mit alten liberalen Vorstellungen und Funktionsaufteilungen in der Tat kaum mehr gerecht werden kann. Der Mangel der Lehre ist jedoch die überaus etatistische Grundeinstellung, von der aus in rein defensiver Sorge um eine als fraglosen Wert verstandene Einheit und Geschlossenheit des Staates in jeder öffentlichen Aufgabenerfüllung durch nichtstaatliche, gesellschaftliche Mächte (Kirchen, Parteien, Gewerkschaften, Wirtschaftsunternehmen) die Gefahr einer – wie das Schlagwort lautet – »pluralistischen Auflösung« des Staates gesehen wird. Ähnlich der herrschenden deutschen politischen Geschichtsschreibung ist diese Lehre mit ihrer Identifizierung des Öffentlichen mit dem Staatlichen durch jenes »monotone Starren ... auf rein staatliche Vorgänge« gekennzeichnet, das JOHANN ALBRECHT VON RANZAU kürzlich so überzeugend herausgestellt hat[13]. In obrigkeitsstaatlichen Vorstellungen befangen, scheint uns hier der notwendige Sinn und das Verständnis für die geschichtsbildende und politisch gestaltende Macht der »Gesellschaft« zu fehlen, die die Voraussetzung dafür ist, daß man dem Staate neue Grenzen ziehen kann, so daß in ihm ein freieres und menschenwürdigeres Dasein möglich ist. Zuzugeben ist allerdings, daß das Problem des Sinns der staatlichen Souveränität und ihrer Grenzen mit den Denkformen des überkommenen juristischen Apparates, insbesondere einem Gegeneinanderausspielen souverän-voluntaristisch gesetzter Kompetenzen und Befugnisse und ihrer liberalen Einzäunungen, kaum mehr lösbar ist. Aber unlösbar ist es auch von einer Grundhaltung her, die in der Anerkennung vom Staate unabhängiger

---

[12] *Legalität und Legitimität,* München und Leipzig (1932), S. 9 ff.

[13] *Individualitätsprinzip, Staatsverherrlichung und deutsche Geschichtsschreibung,* Sammlung 5/V (1950), S. 299.

öffentlicher Rechte und Aufgaben gesellschaftlicher Mächte nur eine Infragestellung der staatlichen »Einheit«, »Existenz« und »Autorität« sieht. Eine Lösung wird daher zwischen Staatsverneinung und Staatsüberschätzung auf einem mittleren Wege gesucht werden müssen. Der aussichtsreichste Weg zu einer solchen Lösung scheint uns der über den Versuch einer Neuformulierung öffentlich-rechtlicher Kompetenzen überhaupt zu sein, ist doch die Souveränität des Staates, soweit wir sie als rechtlichen Begriff verstehen, nur der Grenzfall des »öffentlichen« Rechts[14].

Die vorliegende Arbeit enthält nur den ersten (literargeschichtlichen) und zweiten (politikwissenschaftlichen) Teil einer auf vier Teile berechneten Untersuchung. Der staatsrechtliche Teil, d.h. das Problem der Grenze und des öffentlich-rechtlichen Sinns der Souveränität, und der völkerrechtliche Teil, sollen als Einzelabhandlungen folgen. Der zweite Teil nennt sich »politikwissenschaftlich«, da auch die dortigen staatstheoretisch-geschichtlichen Erörterungen allein orientiert sind an der gegenwärtigen politischen Infragestellung der bisherigen nationalstaatlichen Lokalisierung der Souveränität[15].

---

[14] Eine Neufassung und Kritik des hergebrachten Begriffs des öffentlichen Rechts und des Öffentlichen fordert besonders eindringlich KLAUS DOCKHORN, »Der Begriff des Politischen«, *Deutsche Universitätszeitung*, 4. Jg. (1949) Nr. 15. Vgl. auch ERNST V. HIPPEL, »Recht und Freiheit«, *Studium Generale*, Jg. 2 (1949) S. 315 ff. und neuestens RUDOLF SMEND, »Staat und Kirche nach dem Bonner Grundgesetz«, *Zeitschrift für evangelisches Kirchenrecht I* (1951), S. 13 f.

[15] Ist »Politische Wissenschaft« im deutschen ein zu belastetes Wort, so ist das sich langsam einbürgernde »Wissenschaft von der Politik« als Kennzeichnung dieser Disziplin zu unbeholfen, mit dem vorangestellten »Wissenschaft« überdies auch zu altmodisch zweifelnd, ob es so etwas wie wissenschaftliche Untersuchung politischer Sachverhalte auch wirklich geben könne. Der obige Sprachgebrauch entspricht dem der »Policy Science«, die sich nach dem Beispiel HAROLD D. LASSWELLS – zuletzt *Power and Personality*, New York (1948) S. 122 ff. – gegen das überkommene »Political Science« auch in der angelsächsischen Literatur langsam Bahn bricht.

1. Teil

Die neuere deutsche Literaturgeschichte des Souveränitätsproblems als Problem der »souveränen Staatsgewalt«

I. Einführung

Sowohl unter staatsrechtlichen wie allgemein staatstheoretisch-politischen Gesichtspunkten kann das Problem der Souveränität betrachtet werden. Für das Staats- und Völkerrecht stellt es sich dar als Problem der höchsten öffentlichen Aufgabe und der höchsten Entscheidungskompetenz der staatlichen Organisation im Gesamtbereich des Sozialen, insbesondere als Problem des Verhältnisses der staatlichen Willenseinheit zum Recht. Der Staatstheorie ist es aufgegeben als Moment im Problem der Wesensgesetzlichkeit und Legitimation des sich selbstverantwortlich organisierenden unabhängigen Einzelstaates. Beide Fragestellungen, entweder nicht voneinander abgegrenzt, oder aber und das vor allem, die staatstheoretische völlig ausgeschaltet zu haben, bestimmten die deutschen Souveränitätslehren der letzten 100 Jahre. Einseitigkeit und Problemverengung ist ihr durchgehendes Kennzeichen. Daß Souveränität ein Rechtsbegriff und nichts als das ist, ist von GERBER bis HELLER übereinstimmende Meinung der deutschen Theorie. Wenn die überkommene Lehre die heutige Infragestellung der Vielzahl souveräner Staaten nicht beantworten kann, so ist das u.a. eine Folge der Ausschaltung aller nicht rein rechtlichen Fragen aus dem weiten Problemkreis der Souveränität.

Ist die Souveränität das ausschlaggebende Begriffsmerkmal, das den Staat von allen anderen sozialen Verbänden unterscheidet, so ist es verständlich, daß sich am Souveränitätsproblem die wissenschaftlichen Gegensätze mit einer Intensität entzündet haben wie an kaum einem anderen publizistischen Problem. Und das trotz der Beschränkung der Wissenschaft auf das rechtliche Problem der Souveränität. Die Gegensätze sind so groß, daß außerhalb einer herrschenden Lehre in der Literatur, die Eigenes zu dem Thema beigebracht hat, ein fester Problembestand fehlt und die wissenschaftliche Tradition fast ausschließlich eine polemische gewesen ist. Mit dem Blick auf eine mehr als fünfzigjährige Entwicklung des Problems glaubte schon HUGO

Preuss einmal bemerken zu müssen, daß »in der Regel (nur) jeder folgende Schriftsteller die Kritik des vorhergehenden« übernommen habe[16]. Erst in der jüngsten Vergangenheit bildet sich wieder ein fester Problemkreis[17].

Zu der Belastung des Problems durch eine oft leerlaufende Polemik und seiner durchgehenden Verengung auf das Staatsrecht tritt die besondere Problematik der neueren deutschen Geschichte erschwerend hinzu. Denn wenn es richtig ist, daß sich die Geschichte des deutschen Bürgertums im 19. Jahrhundert nicht anders darstellt, »qu'une série de désastres politiques«[18], so sind die Folgen im Zusammenhang des Problems mit der Hand zu greifen. Denn an keinem anderen Punkte mußten die zu Anfang des vorigen Jahrhunderts theoretisch zur Verfügung stehenden Denkformen: Volkssouveränität und Fürstensouveränität mit der historisch gegebenen und erst 1918 überwundenen Staatsform der konstitutionellen Monarchie wie auch zu den politischen Ansprüchen des Bürgertums in einen schärferen Widerspruch treten als gerade hier. Während in Frankreich die »nation« (als demokratische Einheit) den 1789 errungenen Sieg über die feudale Welt auch gegen die besitzende »Bourgeoisie« bewahren konnte, scheiterte in Deutschland der liberaldemokratische Versuch der Durchsetzung gegen das monarchische Prinzip 1848 endgültig und 1871 blieb es dem deutschen Bürgertum versagt, die gewonnene Einheit der eigenen Tat zu verdanken. Die Lösung dieser Widersprüche fand die deutsche Staatslehre im Begriff der »Staatssouveränität«. Von Hegel[19] als Versöhnung der Souveränität des Volkes mit der des Monarchen begründet, dient diese Lehre bei Heinrich Albert Zachariä als erstem[20] zum Kampf gegen den Artikel 57 der Wiener Schlußakte, der den Monarchen von Gottes Gnaden zum Subjekt der staatlichen Gewalt erhoben hatte. An die Stelle des Monarchen trat für

[16] AaO. S. 64.

[17] Damit entfällt für den 1. Teil dieser Arbeit auch die Möglichkeit einer systematischen Darstellung. Der Gegenstand erlaubte vielmehr nur die Darstellung der einzelnen Lehren je für sich, da eine systematisch zu erfassende Gemeinsamkeit der Problemstellung zwischen Jellinek, Kelsen und Heller, um nur die hervorragendsten Vertreter zu nennen, nur schwer aufzuzeigen ist. Das liegt im Wesen der Sache. Die Souveränität ist kein Institut wie Eigentum oder Pfandrecht, die durch die Geschichte eine viel größere Konstanz gezeigt haben.

[18] Kirchheimer, *Remarques,* p. 246.

[19] *Rechtsphilosophie,* § 279.

[20] Erich Kaufmann, *Über den Begriff des Organismus in der Staatslehre des 19. Jahrhunderts,* Heidelberg (1908), S. 21.

die neue Lehre »der Träger der Staatsgewalt«. Dieser Staatsgewalt, die fortan als eines der »Elemente« des organischen Staatsbegriffs aufgefaßt wird, wird seit GERBER in der deutschen Theorie die Souveränität als »Eigenschaft« zugeschrieben. Die Frage nach dem Träger der Souveränität ist davon nach dieser Lehre streng zu scheiden. Trotzdem ist damit gesagt, daß praktisch die ganze deutsche Staatslehre bis zum Jahre 1918 nicht umhin konnte, den Monarchen als souverän zu bezeichnen, war doch er und seine Regierung der allein letzthin entscheidende Träger der Staatsgewalt. GEORG JELLINEKS Lehre von der kantischen Selbstbegrenzung des Staates ist nur eine Umschreibung der Verlegenheit, in der man sich befand. Da die Nation den Monarchen nicht begrenzen kann, soll er – auch wenn der Appell an den Staat gerichtet ist – sich selbst begrenzen. Dabei wird dieser Appell an die sittliche Autonomie[21] ergänzt vom Vertrauen auf die staatlich-konstitutionellen Formen vernünftiger Regierung, um die der bürgerlich-liberale Kampf seit 1848 allein noch gehen konnte. Staatssouveränität und Rechtsstaat sind so spezifisch deutsche Kategorien und Resultate einer gebrochenen Geschichte[22].

Historisch ist es auch zu verstehen, wenn die tatsächliche Ausschließung der Nation von der Teilhabe von der als souverän bezeichneten Staatsgewalt einerseits, die konservative Überbetonung der monarchischen Staatsgewalt andererseits, zu einer fortschreitenden Formalisierung des Souveränitätsbegriffes im 19. Jahrhundert geführt hat. War politisch die Vorherrschaft des Monarchen nicht in Abrede zu stellen, so ermöglicht die Auffassung des Staates als Organismus seine und seiner Gewalt Neutralisierung als »Organ« und »Element«. Die von W. E. ALBRECHT begonnene und von GERBER fortgesetzte Reinigung der juristischen Sphäre von allen soziologischen und politischen Einflüssen kam allen Bedürfnissen voll und ganz entgegen. Die Souveränität bezeichnete etwas »Höchstes« und doch etwas »Rechtliches«. Die gleichfalls von GERBER begründete und in der LABANDschen Schule zu nahezu unbestrittenem Siege geführte Auffassung vom »juristischen« Wesen des Staates im »Herrschen«, die zwang, alles als nicht-herrschaftlich Konstruierbares definitionsgemäß aus dem Staatsbegriff auszuschalten, tat ein weiteres, um dem Begriff den

21 JELLINEK, *Allgemeine Staatslehre,* S. 438.

22 Sie werden im Ausland auch als spezifisch deutsche Begriffe verstanden. Vgl. DUGUIT, *Traité de droit constitutionnel* (1927), 3. Aufl. Bd. 1, S. 612 ff. und RUGGIERO, *History of European Liberalism* (1927), ferner FINER, *The theory and practice of modern government* (1932), I, 141.

tieferen Gehalt zu nehmen. Denn die abstrakte Erhöhung mußte notwendig auch eine fortschreitende Entleerung zur Folge haben. Wenn der Souveränitätsbegriff in der Lehre KELSENS nur noch die Funktion einer »Betrachtungs-, Wertungs-Voraussetzung«[23], einer »Annahme [...] im Denken des Staat und Recht erfassenden Betrachters«[24] hat, so ist er nur als letztes Glied einer kaum unterbrochenen Kette zu verstehen, wie auch die scharfe Reaktion CARL SCHMITTS und HERMANN HELLERS nur als Antithese zu dieser fortschreitenden Auflösung des Souveränitätsbegriffs zu verstehen ist.

Das Folgende soll eine wenigstens andeutungsweise Darstellung dieses Auflösungsprozesses sein, der seine Schatten bis in die heutige Problematik wirft[25].

Denn das Problem zeigt – wie kaum ein anderes – die weitreichende historische Verknüpfung aller staatstheoretischen Fragestellungen. Noch mehr als dies erweist die Souveränitätslehre durch alle Jahrhunderte in besonderer Eindringlichkeit die Abhängigkeit jeder Theorie von den konkreten historisch-soziologischen Fragwürdigkeiten, die die Theorie überall dort bestimmt haben, wo die politische Wirklichkeit noch als etwas Fragwürdiges erlebt wurde.

II. Die Auflösung des Souveränitätsbegriffes

1. Die Formalisierung des Begriffs von STAHL bis JELLINEK und ANSCHÜTZ

Es ist kein Zufall, daß sich eine der letzten materialen und bewußten Bestimmungen des Souveränitätsbegriffes bei einem Autor findet, dessen Werk durchaus im Dienste einer konkreten politischen Aufgabe stand. FRIEDRICH JULIUS STAHL, der Theoretiker der preußischen Restauration, umschreibt sie als »die erste, ursächliche und oberste Gewalt, die alle Organe und Verrichtungen bedingt und umschließt [...] Sie ist der Herrscherwille, der im ganzen Bereich des Staates gegenwärtig und wirksam ist, seine innerste Persönlichkeit«[26]. Diese Umschreibung STAHLS ist zugleich ein politisches Postulat und eine

---

[23] *Souveränität,* S. 15.

[24] Ebd., S. 14.

[25] Zur Problemgeschichte vgl. auch RUPERT EMERSON, *State and Sovereignty in Modern Germany,* New Haven (1928).

[26] *Philosophie des Rechts* (1878), 5. Aufl., Bd. II, Abt. 2, S. 190 f.

Aussage über die besondere Legitimität des monarchischen Willens, denn daß der »Herrscherwille« der des legitimen Souveräns im Sinne des Artikels 57 der Wiener Schlußakte ist, steht für STAHL unausgesprochen dahinter.

Eine so volle Auffassung der Souveränität konnte man nach 1848 vom deutschen Bürgertum kaum noch erwarten. Mit dem Verlust des Glaubens an eine eigene verpflichtende politische Aufgabe blieb ihm nur übrig, die Monarchie »relativistisch zu legitimieren«[27]. Und so ist sicher ein Schuß Ressentiment dabei, wenn der Begriff schon bei einem so im politischen Kampf stehenden Manne wie GEORG WAITZ zur bloßen »Unabhängigkeit von jeder höheren Gewalt« zusammenschrumpft[28]. Die terminologische Verkapselung des unausgetragenen politischen Kampfes gelingt am besten in der rein juristischen Schule GERBERS. Überwindet W. E. ALBRECHT mit Hilfe der Korporationstheorie die überkommene patrimoniale Auffassung des Staates, so schafft er damit auch die Grundlage für die sich seit GERBER nahezu unangefochten durchsetzende Auffassung der Souveränität als »Eigenschaft der vollkommenen Staatsgewalt«. Für GERBER sind die Ausdrücke »Fürstensouveränität«, »Volkssouveränität«, »Nationalsouveränität« »nur Stichworte für verschiedene politische Bestrebungen«. Mit dem Begriffe des Monarchierechtes im engeren Sinne stehe der Begriff der Souveränität in gar keiner Relation, wenn GERBER auch hinzufügen muß, »... und doch wird Souveränität und monarchisches Princip so oft verwechselt«[29]. Ob sie sich nicht vielleicht der Sache nach auch zum Verwechseln ähnlich waren, wird fortan nicht mehr gefragt, vielmehr ist mit dieser Bestimmung der Souveränität als »Eigenschaft der Staatsgewalt« für JELLINEK und alle anderen »der feste und sichere Grund für die Erfassung des rechtlichen Wesens der Souveränität gelegt«[30]. Damit wird auf einem wichtigen Gebiet ein Trennungsstrich zwischen deutschem und westeuropäischem Staatsdenken gezogen, das die Unterscheidung von National- und Staatssouveränität nicht kennt. Zugleich liegen hier die Ansätze für den Verlust eines willensbegabten Souveränitätssubjekts, da die Frage nach der souveränen Staatsgewalt von

---

[27] HELLER, *Politische Ideenkreise,* S. 42 f.

[28] Sofern nichts weiter hinzugefügt, finden sich die Nachweise bei PREUSS, aaO. S. 102 f.

[29] *Grundzüge eines Systems des deutschen Staatsrechts,* 3. Aufl. (1880), S. 22, N. 5.

[30] JELLINEK, *Allgemeine Staatslehre,* S. 430 f.

der Frage nach dem Subjekt dieser Gewalt streng geschieden und damit entwirklicht wird[31].

Diese Einordnung des Souveränitätsbegriffs im System des Staatsrechts sollte sein Schicksal bestimmen. Denn war Souveränität ein reiner Rechtsbegriff, für den auch in der Soziallehre des Staates bei JELLINEK kein Raum sein kann und dem alle Mängel des nur »grenzenzeichnenden« oder nur »berechtigenden« Rechtsbegriffes der Zeit anhafteten, waren Recht und soziale Wirklichkeit durch tiefe methodische Abgründe getrennt, so mußten sich die Aussagen über das Wesen der Souveränität notwendig in einem verhältnismäßig engen Rahmen halten. Eine staatstheoretische Fragestellung war damit für den Souveränitätsbegriff ausgeschaltet, der allein für die rechtliche und tatsächliche Überordnung des Staatswillens über alle anderen Mächte im Sozialen von Bedeutung bleibt, aber ohne daß auch die Legitimität dieser Überordnung ein entscheidendes wissenschaftliches Problem geblieben wäre. Verbunden mit dieser Auffassung ist die gleichzeitige Zerlegung des Souveränitätsbegriffes in eine staats- und völkerrechtliche Hälfte, da bei einer Auffassung der staatsrechtlichen Souveränität als Eigenschaft der allein zum Herrschen bestimmten Staatsgewalt für den Anspruch auf gleichgeordnete Unabhängigkeit und Selbstbestimmung gegenüber anderen Staaten ein eigener Ort gesucht werden mußte. Zugleich gehen Erkenntnisse des älteren Staatsdenkens, nämlich daß die Problematik des Einheitswillens und der Besonderheit eines Volkes mit ihm verbunden ist, fast ganz verloren.

Und so definiert ROSIN die Souveränität als »ausschließliche Bestimmbarkeit durch eigenen Willen«. GAREIS sieht in ihr die Fähigkeit des »herrschenden Gemeinwesens, als sein Interesse bezeichnen und zum Rechtgut zu erheben, welches Interesse es will«. Für MARTENS besagt die Souveränität »nur das Eine, nämlich, daß jeder Staat für sich eine selbständige juristische Persönlichkeit bildet«. Für BRIE ist sie »die Eigenschaft einer Gewalt, daß sie in ihrer Sphäre die höchste ist«. Das Problem gibt, wie HAENEL es ausdrückte, nur noch Anlaß zu »leeren Abstraktionen in scholastischen Formeln«[32].

Auch an dem Ort, wo die Souveränität zu einem Problem höchster praktischer Bedeutung wurde, in der Bundesstaatstheorie, erfuhr sie unter einer rein juristischen Betrachtung keine neue Erweiterung.

[31] Vgl. HELLER, *Souveränität,* S. 73, wo der immer mehr unterbewußt wirkende reale Einschlag des Volkssouveränitätsdenkens richtig gesehen wird.

[32] *Deutsches Staatsrecht, I,* S. 114.

Denn mag »die Diskussion um den ›Sitz der Souveränität‹ der Theorie einen dauernden Schatz von Begriffen und Einsichten in die Arten und die juristische Struktur der Staatenverbindung vermittelt haben«[33], so hat sie doch weder eine inhaltliche Theorie vom Bundesstaat[34], noch eine vertiefte Auffassung vom Wesen der Souveränität erbracht. Wie im Bundesstaatsproblem der verpflichtende politische und rechtliche Gehalt, den es für WAITZ[35] oder auch TREITSCHKE[36] noch besitzt, formalistisch ausgehöhlt wird, so erschöpften sich auch hier alle Begriffsbestimmungen der Souveränität in jenen »leeren Abstraktionen in scholastischen Formeln«, von denen HAENEL am Ausgang des Jahrhunderts sprach. Er allein wies mit Entschiedenheit alle Begriffsbildungen zurück, »die in einem logischen Spiel aus den abstrakten Begriffen: ›Herrschaft‹ und ›Superlativ‹ kombiniert« würden[37]. Viel von dem, was bei HELLER sehr viel später zurückerarbeitet wurde, findet sich bei ihm in einfacher und vollendeter Darstellung[38]. Aber so wie GNEIST darüber klagen mußte, daß ihm in Deutschland kein Gehör geschenkt werde[39], GIERKES große Kritik am LABANDschen Staatsrecht[40] wirkungslos blieb, so mußte auch HAENEL sich sagen lassen, daß er ja eigentlich gar kein Jurist sei[41], wenn er das Recht als die dem Staate »objektiv notwendige Erscheinungsweise« bezeichnete und in der JELLINEKschen Souveränitätslehre von der »ausschließlichen Verpflichtbarkeit durch eigenen Willen«[42] zwar eine »allgemeine psychologische Wahrheit« anzuerkennen vermochte[43], nur keine »rechtliche staatliche Selbstbindung«[44].

Doch waren dies kaum bemerkbare Abweichungen von einer im übrigen unangefochtenen herrschenden Lehre. Als GNEIST 1895 starb,

---

[33] So THOMA, *Handbuch des deutschen Staatsrechts I* (1930), S. 171, Anm. 6.

[34] SMEND, *Verfassung*, S. 118.

[35] *Grundzüge der Politik* (1862), S. 153 ff.

[36] »Bundesstaat und Einheitsstaat«, in *Historische und politische Aufsätze*, Bd. 2 (1886), 5. Aufl., S. 77 ff., insbesondere S. 113.

[37] AaO. S. 117, Anm. 2.

[38] Das gilt insbesondere für das in dieser Arbeit selbständig nicht behandelte Problem der Staatsgewalt in seinem Zusammenhang mit dem allgemeinen Wesen des öffentlichen Rechts.

[39] *Der Rechtsstaat*, Berlin, 2. Aufl. (1879), Vorrede.

[40] In *Schmollers Jahrbuch* (1883), S. 1097 ff.

[41] JELLINEK, *Allgemeine Staatslehre*, S. 434, Anm. 1.

[42] Begründet von JELLINEK, *Die Lehre von den Staatenverbindungen*, Wien (1882), S. 30 ff.

[43] AaO. S. 116.

[44] So JELLINEK, *Allgemeine Staatslehre*, S. 438.

galt er kaum noch als Jurist, HAENEL wurde wenig beachtet, GIERKE war »mystisch«[45]. LABANDS Staatsrecht beherrschte unangefochten die Lehre der letzten Vorweltkriegsjahrzehnte. Das Charakteristikum des Staates liegt nun ganz im Zwangsmonopol (M. WEBER). Er ist Herrschaft, Herrschaft und nochmals Herrschaft. Wozu und warum er das ist, warum er souverän ist, liegt wie die Frage nach dem Zweck eines Rechtsinstituts allgemein, »jenseits seines Begriffs«.

Zu stark ist diese Richtung, als daß das Problem in den beiden repräsentativen Werken am Abschluß einer Epoche der deutschen Staatsrechtswissenschaft, der »Allgemeinen Staatslehre« GEORG JELLINEKS und dem MEYER-ANSCHÜTZschen Staatsrechtslehrbuch noch neue Gestalt hätte gewinnen können. Ihre Ergebnisse seien kurz dargestellt.

JELLINEK lehnt mit Recht die Eliminierung des Souveränitätsbegriffes aus dem Staatsrecht ab. Aber zur Begründung fügt er nur hinzu, es sei unhistorisch, ihn zugunsten irgendwelcher Konstruktionen beiseite zu schieben (431)[46]. Zur Definition der Souveränität als Eigenschaft der Staatsgewalt bedient er sich der alten Bezeichnung einer Gewalt, »die keine höhere über sich kennt«. Sie sei daher zugleich »unabhängige und höchste Gewalt« (432). Er lehnt auch die Zerreißung des Souveränitätsbegriffs in eine völker- und staatsrechtliche Hälfte ab, mit denen nur zwei Richtungen der in sich einheitlichen souveränen Gewalt bezeichnet würden[47]. Besonderes Gewicht legt JELLINEK auf die »rein formale Natur« des Souveränitätsbegriffes. Damit lehnt er die seit BODIN oft übliche einzelne Aufzählung der der souveränen Staatsgewalt vorbehaltenen Materien ab. Die Frage nach einem materiellen Sinn und einer besonderen legitimierenden Aufgabe der Staatsgewalt, die über die Frage nach ihren einzelnen Hoheitsrechten hinausgehen würde, stellt er nicht.

Die Besonderheit der JELLINEKschen Souveränitätslehre besteht nun darin, daß er versucht, eine rechtliche Bindung der souveränen Staatsgewalt nachzuweisen, ein Versuch, der dem Naturrecht mit Hilfe der Vertragslehre gelungen war. Wenn, so argumentiert JELLINEK, der Staat sich auch jeder selbstgesetzten Schranke nicht nur tatsächlich sondern auch rechtlich entledigen könne (439), so beinhalte die Sou-

---

45 Vgl. C. SCHMITT, HUGO PREUSS, *Sein Staatsbegriff und seine Stellung in der deutschen Staatslehre*, Tübingen (1930), S. 16.

46 Seitenzahlen im Text – *Allgemeine Staatslehre*, 1. Aufl. (1900).

47 Ausführlich: *Staatenverbindung*, aaO. S. 23 f.

veränität doch nicht staatliche Allmacht. Denn einmal könne sich die souveräne Staatsgewalt dieser Schranken nur entledigen »in den Formen des Rechts und neue Schranken schaffend«. Da für JELLINEK über dem positiven Recht keine weitere rechtliche Schranke existiert, dient ihm die kantische Ethik zum Nachweis der weiteren rechtlichen Gebundenheit der souveränen Staatsgewalt. Denn Souveränität sei »nicht Schrankenlosigkeit, sondern Fähigkeit der ausschließlichen Selbstbestimmung und daher Selbstbeschränkung« und Selbstbindung des Staates an sein Recht (438). Aber diese Lehre ist sehr widerspruchsvoll.

Denn wenn uns versichert wird, Souveränität sei »nicht Schrankenlosigkeit, sondern Fähigkeit der ausschließlichen Selbstbestimmung«, so ist »ausschließliche Selbstbestimmung« doch das begriffliche Gegenteil von rechtlicher Gebundenheit. Denn alles Recht beruht auf der absoluten Negation ausschließlicher Bestimmbarkeit durch eigenen Willen, wie es HAENEL[48] der JELLINEKschen Lehre entgegenhielt, die meinte, daß der Wandel der ethischen Theorie von der Pflicht durch und seit KANT »notwendig« auch »den der juristischen zur Folge haben« müßte (437). Wenn JELLINEK an einer anderen Stelle aus der gleichen Erwägung heraus sagt, »das Recht des Staates ist daher enger als eine Macht«[49], so stößt er damit seine Lehre um, negiert den behaupteten Rechtscharakter der souveränen Gewalt. Denn wenn das Recht des Staates enger ist als seine Macht, so ist die unbegrenzte Macht eben keine Rechtsmacht und als solche kein juristischer Begriff[50].

Trotzdem ist dieser Versuch JELLINEKS, die Unabhängigkeit der souveränen Staatsgewalt als rechtliche nachzuweisen, insofern wesentlich[51], als er zeigt, daß unabhängig von politischen Legitimitätsprinzipien, wie sie z.B. den material verstandenen Begriffen der Volks- und Fürstensouveränität zugrunde lagen und wie sie ihrer Idee nach in jeder Staatsformbestimmung angelegt sind, dieser Versuch nicht gelingen kann. Denn es offenbart eine zu formale Auffassung vom Recht, wenn JELLINEK für seine Lehre weiter vorbringt, jeder Staat könne zwar wählen, *welche* Verfassung, nicht aber, ob er überhaupt eine Verfassung haben wolle. Die Anarchie läge im Bereich der faktischen

---

48 AaO. S. 117, Anm. 2.

49 *Gesetz und Verordnung*, Freiburg (1887), S. 199.

50 Zu dieser Stelle vgl. auch PREUSS, aaO. S. 134.

51 Und nicht »ein gänzlicher Unsinn«, wie KELSEN, *Souveränität*, S. 44, meint.

nicht der rechtlichen Möglichkeit (434). Denn von rechtlicher Selbstbeschränkung zu reden, kann doch nur dort einen Sinn haben, wo dieser Beschränkung gewisse materiale Grundsätze zugrundeliegen und nicht nur aus technischen Nützlichkeitserwägungen das Unrecht nicht zum Recht gemacht wird.

Der Ausgang der JELLINEKschen Lehre zeigt, daß JELLINEK selbst ein Gefühl für die politische Standortlosigkeit einer Souveränitätslehre zu seiner Zeit hatte. Denn abgesehen vom Bundesstaatsrecht kann JELLINEK dem Souveränitätsbegriff keine weitere Bedeutung zuschreiben. Er wird von ihm vielmehr reduziert auf einen juristisch zwar unentbehrlichen Begriff, dessen »praktische Bedeutung« aber doch nur die einer »juristischen Hilfsvorstellung« sei (439). Als Hilfsvorstellung sei die Souveränität brauchbar, um das Verständnis der juristischen Tatsache zu vermitteln, »daß Alles vom Staate in den rechtlichen Formen definitiv Gewollte Rechtskraft gewinnt«. Da man aber nicht angeben konnte oder wollte, wer nach dem geltenden Recht als Subjekt der staatlichen Souveränität designiert war, war der Souveränitätsbegriff in dieser Lehre nicht einmal ein Begriff des positiven Staatsrechts. Denn als solcher kann der Souveränitätsbegriff nur dort behauptet werden, wo die Staatsgewalt einem wirklichen Subjekt zugerechnet werden kann[52].

Im von ANSCHÜTZ fortgeführten Lehrbuch MEYERS fehlt auch der Versuch, der Problematik der Souveränität näher zu kommen. Jede nicht »rechtliche« Frage ist hier ausgeschaltet. Souveräne Staaten sind solche, »welche keiner höheren Gewalt unterworfen sind«[53]. In der Freiheit von der Herrschaft anderer Gemeinwesen zeige sich die äußere (völkerrechtliche), in der Überordnung über die in dem Staatsgebiet befindlichen Personen und Verbände die innere (staatsrechtliche) Seite der Souveränität[54]. Man hat nicht den Eindruck einer irgendwie gearteten Notwendigkeit, wenn es heißt, »formell ist der Einheitsstaat unbeschränkt, omnipotent«[55]. Im »Staatszweck« allerdings bestünden für ihn »materielle« Schranken. Aber nicht, wie man vielleicht glauben möchte, materielle Rechtsschranken, wird uns doch versichert, daß zwar eine »verständige und umsichtige Staatsleitung niemals diese Schranken verkennen« würde, jedoch stehe »ihr

---

52 So SCHINDLER, *Verfassung*, S. 110 und HAUG, S. 74.
53 AaO. S. 10.
54 AaO. S. 24.
55 Ebd.

kein staatsrechtliches Hindernis entgegen, über dieselben hinauszugehen«[56]. Da aber nur positiv-rechtliche Hindernisse nach dieser Lehre rechtliche Hindernisse sein können, so ist der Staat für sie auch materiell-rechtlich omnipotent, ohne daß eine Rechtfertigung oder Begründung dafür gegeben würde.

Daß bei dieser Sachlage, nach so »völliger Aushöhlung und Abtragung eines Begriffes von innen heraus«[57] HUGO PREUSS und seinen Nachfolgern das Recht, einen offenbar nicht sehr wesentlichen Begriff aus der Dogmatik des Staatsrechts völlig auszuscheiden, nicht abgesprochen werden kann, daß ihr Bemühen darum vielmehr sehr verständlich ist, wird man sagen müssen. Wenn es nur eine »Hilfsvorstellung« war, so ließ sich doch vielleicht ohne diese Hilfe auskommen. Die kritische Richtung von PREUSS bis KELSEN, der wir uns damit zuwenden, versuchte es zumindest.

2. Die Eliminierung des Begriffes durch HUGO PREUSS

Den Souveränitätsbegriff aus der Dogmatik des Staatsrechts zu streichen, »ihn nur noch als historischen Begriff« zu betrachten[58], war die mit Leidenschaft und Ernst von HUGO PREUSS in seinem damals Aufsehen erregenden Buche vorgetragene These. Wie leicht zu zeigen ist, ist der Antrieb seiner Auseinandersetzung nicht so sehr die soziale Tatsache, daß irgendeine Instanz, die den Willen einer dahinterstehenden Einheit repräsentiert, letzthin so etwas wie die »höchste Gewalt« innehaben muß[59]. Sein Kampf gilt auch nicht der organisatorischen Selbstbestimmung eines Volkes, sondern dem »tragenden Princip des absoluten Staates«, dessen Identität mit dem Souveränitätsbegriff er behauptet[60]. Denn dieser absolute Staat habe als »unumgängliches Korrelat« BODINS »puissance absolute« als seinem Wesen allein angemessenen Begriff gefordert. Wirklichkeit und Theorie hätten im absoluten Staat in »fruchtbarer Wechselwirkung« gestanden (105, 112 f.)[61]. Schleppe man aber diesen wesensmäßig dem überwundenen

[56] AaO. S. 24.

[57] PREUSS, *Gemeinde, Staat, Reich als Gebietskörperschaften,* S. 101.

[58] Gleichwie das Lehnsprincip, aaO. S. 94.

[59] Dem deutschen Volk, das sich 1919 seine Verfassung gab, hat er die Souveränität nicht abgesprochen, wenn es auch verfassungsrechtlich beschränkt sei. Vgl. PREUSS, *Reich und Länder*, Berlin (1928), S. 51. Dies zu BILFINGER, *Völkerrecht und Staatsrecht in der deutschen Verfassungsgeschichte*, Hamburg (1941), S. 32 f.

[60] AaO. S. 93.

[61] Seitenzahlen im Text = PREUSS: *Gemeinde, Staat* usw.

absoluten Staate zugehörigen Begriff auch in der Dogmatik des modernen Staatsrechts mit sich fort, so trage man damit in die Konstruktion des eigenartig modernen Staatsgebildes, – und das ist ihm der liberale Rechtsstaat –, »ein völlig heterogenes und incommensurables Begriffselement« hinein. Alle Versuche einer prinzipiellen Erfassung des Wesens dieses Staates müßten sich mit logischer Notwendigkeit an diesem Begriffe zerschlagen (93). Der Souveränitätsbegriff wird ihm so zur »radix malorum« und seine Eliminierung aus der Dogmatik des Staatsrechts zur ersten Bedingung, deren Erfüllung allein den Fortschritt der modernen Staatsrechtstheorie ermögliche (92). Er fordert die Ausschaltung des Souveränitätsbegriffes damit weniger auf Grund einer immanenten Kritik der herrschenden Souveränitätslehre, sondern als behauptete notwendige Folge der Veränderung der inneren Staatsstruktur auf dem Wege vom absoluten zum modernen Rechtsstaat.

Die treibende Kraft seiner Auseinandersetzung ist neben der politischen Perhorreszierung des »Obrigkeitsstaates« eine nicht weniger energische, sich damit koppelnde Auseinandersetzung mit der romanistischen Staatsrechtsdoktrin. Als Gefährte OTTO VON GIERKES ist ihm das »aus dem germanischen Recht entwickelte Grundprinzip des modernen Rechtsstaates berufen«, den »romanischen Begriff und das romanische Wort Souveränität zu verdrängen und zu ersetzen« (111). Die »persona ficta«, das »fingierte Individuum, »dieses Erzeugnis der Romanistik« (111), gegen das sich die von BESELER inaugurierte Bewegung der Germanistenschule wendet, verleiht auch ihm den Schwung seines Angriffs. Habe GIERKE die Zusammenhänge zwischen dem romanistischen Personenbegriff und der Souveränität zwar gesehen, aber verabsäumt, die Konsequenzen daraus zu ziehen[62], so zieht sie PREUSS. »Konsequenterweise« muß ihm »die Verwerfung der persona ficta und damit auch des römischen Personenbegriffes die Verwerfung seines Korrelats, des Souveränitätsbegriffes nach sich ziehen« (112). Es ist der Kampf gegen den Staat als »Maschine«, als »Fabrik« oder »Betrieb«, wie ihn NOVALIS und MAX WEBER genannt haben. »Absolut isoliert nach oben und nach unten« (112) sei der zentralisierte und mechanisierte Staat, gegen den sich PREUSS als Vertreter

[62] In der Tat klingt es »fast wie eine Entschuldigung« (Preuss, aaO. 103), wenn GIERKE (*Schmollers Jahrbuch 1883,* Heft 4, S. 72) das Kriterium der Souveränität darin findet, daß es »eine auf dem Rechtsgebiete höchste Verbandsgewalt über allen anderen Verbandsgewalten in jedem selbständigen nationalen Lebenskreise geben müsse«.

der organischen Staatsauffassung zur Wehr setzt. FRICKER wird zustimmend zitiert, dem es doch – wie auch in der Gebietstheorie – wenigstens begrifflich gelungen war, die Unhaltbarkeit einer Auffassung nachzuweisen, für die das Volk nichts war als »Objekt der Herrschaft«.

PREUSS gibt nun zwar eine glänzende Kritik jenes »inhaltsleeren Schematismus« der seinerzeit herrschenden Lehre, aber neben dieser negativen, sich klärenden Leistung erbringt er kaum einen Beitrag zu der dem Souveränitätsbegriff zugrundeliegenden Problematik im positiven Sinne. Die Möglichkeit dazu verschließt er sich durch die zur festen Auffassung erhobenen Behauptung, absoluter Staat und Souveränitätsbegriff seien korrelate Begriffe und der eine würde mit dem anderen verschwinden. Damit leugnet er Wandlungsmöglichkeiten des Souveränitätsbegriffes; eine relative Bedingtheit wird zu einer absoluten erhoben. Die Lehrsätze einer bestimmten zeitgenössischen Literatur nimmt er für das so bestimmte Wesen der Sache. Daß Souveränität eine allgemeinere Bedeutung im Zusammenhang des Problems der staatlichen Organisierung der Gesellschaft zukommen könnte, wird so nicht gesehen. Doch selbst wenn PREUSS den Begriff nicht in dieser Weise verabsolutiert hätte, war es von seiner Grundeinstellung aus unwahrscheinlich, daß er zu anderen Ergebnissen hätte kommen können. Wie HERMANN HELLER immer wieder betont hat, war auf dem Boden der demokratisch-liberalen Fiktionen und Gleichstellungen von »Gesellschaft«, »Volk«, »Nation« und »Staat« eine sachgemäße Erkenntnis der staatlichen Organisation der Gesellschaft und damit auch des Souveränitätsproblems ausgeschlossen. PREUSS macht aber in der Geschichte dieser ständigen Verwechslungen, in denen HELLER einen bezeichnenden Zug des Staatsdenkens des vorigen Jahrhunderts sieht[63], keine Ausnahme. So wie sein Lehrer GIERKE den Dualismus von Volk und Staat preisgibt[64], sieht auch PREUSS in dem Ziel seiner politischen Bestrebungen, dem »freien Volksstaat«, die »vollkommene Identität des Staates und des politisch organisierten Volkes« verwirklicht[65]. In diesem sich genossenschaftlich von unten nach oben aufbauenden Gemeinwesen glaubt er eine Organisation zu finden, die das Herrschaftsmonopol nicht braucht und daher auch ohne Souveränität auskommt.

---

[63] HELLER, *Staatslehre,* S. 163.

[64] Vgl. LIERMANN, *Das deutsche Volk* (1927), S. 75.

[65] PREUSS, *Das deutsche Volk und die Politik* (1915), S. 110.

Aber die Eliminierung des Souveränitätsbegriffs aus der Dogmatik des modernen Staatsrechts ist auch PREUSS nicht gelungen. Denn wenn er die Gebietshoheit als wesentliches Kriterium des Staates bezeichnet, und darunter dessen rechtliche Fähigkeit, »sich selbst wesentlich zu verändern bzw. aufzulösen« versteht (406), so konnte es KELSENS Kritik nicht entgehen, daß PREUSS damit der Souveränität auch in seinem System einen Platz einräumen mußte. Denn die PREUSSsche Gebietshoheit ist in Wahrheit Kompetenzhoheit und setzt damit stillschweigend Souveränität voraus[66]. Zwar reduzierte sie sich im wesentlichen auf die Befugnis, darüber zu entscheiden, ob man sich zu einem Bundesstaat zusammenschließen soll oder nicht, aber eliminiert war sie nicht.

3. KRABBES Lehre von der Rechtssouveränität

In engem Zusammenhang mit PREUSS steht HUGO KRABBE. Beide treffen sich in der Ansicht, daß der Souveränitätsbegriff als ein Überbleibsel des absoluten Obrigkeitsstaates aus der Dogmatik des Staatsrechts auszumerzen sei[67]. Damit ist der mit PREUSS gemeinsame Ausgangspunkt des Holländers eine Auseinandersetzung mit der deut-

---

[66] KELSEN, *Souveränität*, S. 77 ff. Zur Kritik von Preuss vgl. auch schon HAENELS Rezension, »Zur Revision der Methode und Grundbegriffe des Staatsrechts«. *Arch.f.öffentl.R. V* (1890), S. 457 f.

[67] In diese Linie gehört die auch in der deutschen Literatur viel beachtete Lehre LEON DUGUITS. Für ihn ist die herrschende Souveränitätstheorie »une construction de métaphysique formelle, curieuse et logiquement édifiée, mais tout a fait étrangère à la réalité concrète et aujourd'hui en train de s'écrouler«. Der Staat hat für ihn nichts mit Rechtssetzung zu tun und damit auch »la croyance à l'existence d'une puissance souveraine étatique ne correspond à rien de réel, qu'elle est en train de disparaître«. Zit. HELLER, *Souveränität*, S. 26. Er selbst vertritt einen dem Anarchismus nahestehenden syndikalistisch korporativen Standpunkt. Der grundlegende Satz seiner Lehre in diesem Zusammenhang ist vielleicht folgender: »Le fondement du droit public ce n'est plus le droit subjectif de commandement, c'est la règle d'organisation et de gestion des services publics« (*Transformations du droit public* (1925), 3. Aufl. S. 52). Wie KRABBE und PREUSS auf eine polemisch als »persönliches Befehlsrecht« bezeichnete Souveränität, will DUGUIT auf ein »droit subjectif de commandement« verzichten. – Verwandte Gedankengänge finden sich auch in RUDOLF LAUNS Lehre von der Autonomie des Rechts (seit seiner Hamburger Rektoratsrede über »Recht und Sittlichkeit« (1924) in zahlreichen Schriften oft wiederholt). Von der Genossenschaftstheorie aus wollte auch WOLZENDORFF das Staatsproblem lösen. »Der reine Staat« (Tübingen 1920) soll nach ihm den Rückzug aus dem geistigen und Wirtschaftsleben antreten und sich ganz auf Polizei- und Aufsichtsfunktionen zurückziehen (aaO. S. 17, 24).

schen »Staatsmachtswissenschaft«[68] der LABANDschen Schule, die das Wesen des Staates im Zwangsmonopol sehen wollte.

Auch KRABBE argumentiert vor allem historisch, wenn er sagt, daß mit dem absoluten Staat und seiner Obrigkeitsgewalt auch der Begriff der Staatssouveränität aufgegeben werden müßte. Die Sachlage sei »genau so, wie in Bezug auf Institute wie Sklaverei, Zehntrecht u. dgl., welche früher allgemein, jetzt aber nicht mehr als Rechtsinstitut anerkannt werden.« (73) So sei die Souveränität des Staates unvereinbar mit der modernen Staatsidee, dieser sei vielmehr nur die Auffassung von der Souveränität des Rechts angemessen[69].

KRABBE fundiert seine Lehre psychologisch. Nur das den Menschen gemeinsame Rechtsbewußtsein könne als Quelle des Rechts im modernen Staat in Betracht kommen. Nicht mehr in Abstraktionen wie Staat, Obrigkeit, Volk, Gesetzgeber, Parlament oder beliebigen anderen konstruierten Gewalten, sondern nur das Rechtsbewußtsein, »einer Macht von höchster Realität ..., welche niemals zu wirken aufhört, ihre Arbeit unterbricht oder ihren verpflichtenden Charakter einbüßt« (109), sei die Quelle der Geltung des Rechts. Die Normen, »geistige Kräfte«, nicht ein Staat oder ein Wille, herrschten »im strengen Sinne des Wortes« (9). Sie allein seien souverän.

Im Gegensatz zu den früheren Befehlen des Staates, so argumentiert KRABBE, könne diesen Normen freiwillig Gehorsam geleistet werden, da sie aus der geistigen Natur des Menschen selbst hervorgegangen seien. Die geistige Kraft des Rechtsgefühls lasse »fortwährend aufs neue das Recht geboren werden« (9) und eben dieses Rechtsgefühl gebiete auch, dem Rechte zu gehorchen.

KRABBE sieht sich selbst zu einigen Einschränkungen seiner Lehren gezwungen. Die moderne Staatsidee habe sich noch nicht überall durchgesetzt (11). Aber die persönliche Obrigkeitsgewalt müsse ihr

---

68 *Die moderne Staatsidee,* Haag, 2. Aufl. (1919), S. 155. Die weiteren Seitenzahlen im Text.

69 KRABBES Lehre von der Rechtssouveränität hat mit der KELSENS nur den Namen gemein, auch wenn das Ergebnis ein ähnliches ist. Unrichtig daher KELSEN, *Souveränität,* S. 22 ff., der ihn halb als Vorläufer und halb als Schüler darstellt. Auch HELLER, *Staatslehre,* S. 197; *Souveränität,* S. 20 f., stellt den tiefen Unterschied beider Lehren nicht genügend heraus. KRABBES Lehre ist zutiefst ein politisches Postulat, das man vertreten kann. KELSEN dagegen verweist das Problem in den Kreis der rechtslogischen Voraussetzungen, über die man nicht diskutieren, die man vielmehr nur ablehnen oder annehmen kann. Vgl. HAUG, S. 74; SCHMITT, *Politische Theologie,* S. 23. – In Bezug auf die KELSEN eigentümlichen methodologischen Voraussetzungen bestehen zwischen ihm und KRABBE keine Zusammenhänge.

»wenigstens in zunehmenden Maße« Platz machen (9). Auch kommen ihm Bedenken hinsichtlich der Geltung des Rechts auf freiwilliger Grundlage. Doch sieht er hier keinen rechten Ausweg. Auch müsse sich die Praxis mit einer Rechtsordnung begnügen, »deren Normen auf ein mangelhaftes, d.h. ein mehr oder weniger gehemmtes Rechtsbewußtsein der Volksgenossen sich stützen«. – »Mit einem mehr oder weniger unreinen Rechtsbewußtsein« habe man zu rechnen (55). Unreines Rechtsbewußtsein könne z.B. auf »mangelhafter Einsicht in Natur und Charakter des auf seinen Rechtswert zu prüfenden Interesses« beruhen (55). In solchen Fällen müsse die Rechtserziehung des Volkes für höhere Gerechtigkeit sorgen (55). Sie wird damit praktisch zur letzten Rechtsinstanz. Mit STAMMLER heben sich seine Bedenken aber auf in dem Satz: »Alles gesetzte Recht ist ein Versuch, richtiges Recht zu sein«. Jedenfalls aber sei für eine »Obrigkeit, welche Befehle ausfertigt und Recht erzeugt und zerstört ... kein Platz mehr« (62). Die Besinnung über »die Praxis des Lebens« habe ihm »eine andere Gottheit offenbar werden lassen, welche vergeistigt ist«, ... »in unserem geistigen Leben verankert« sei (62 f.): das Rechtsgefühl.

Einschränkungen seiner Lehre erlaubt KRABBE auch am Ende seines Buches über die moderne Staatsidee, wo er einen Ausblick auf das »Aufkommen des Weltstaates« gibt, in dem die »Entwicklung der politischen Organisation [...] schließlich ausmünden« müsse (305). Er läßt auch hier den Primat der Rechtssouveränität nicht fallen. Dereinst müsse »ein auf Volksvertretungen gegründetes Organ, welches die mundiale Rechtsüberzeugung auf jedem Gebiete zur Geltung zu bringen vermag«, eingesetzt werden (305). Einmal würde »die moderne Staatsidee für die ganze Welt verwirklicht« sein (311). Doch zuvor müsse auch die internationale, analog der nationalen Gemeinschaft »durch die Obrigkeitsidee hindurchgehen« (308). Ja, er muß sogar die »Unerläßlichkeit einer diesbezüglichen Wiederbelebung der Obrigkeitsidee« postulieren (310). Doch sei dies nur ein »Übergangsstadium« (311).

KRABBES Lehre ist von dem ganzen Pathos rechtsstaatlichen Denkens erfüllt, das sich keinen menschlichen Willen ohne eine übergeordnete Norm denken will. Wenn aber PREUSS diesem souveränen Willen auf dem Wege über die Gebietshoheit auch in seinem System einen Platz lassen mußte, so ist es von Interesse für die dem Souveränitätsbegriff allgemein zugrundeliegende Problematik, daß auch die Rechtssouveränitätslehre KRABBES nicht ohne ihn auskommt. Er ist in ihr dort lokalisiert, wo er von BODIN bis HELLER seinen Ort hat, in der Versammlung der den Staatswillen repräsentierenden Repräsentanten, oder genauer bei KRABBE: in der durch die Entscheidung der Mehrheit des Volkes verkörperten volonté générale.

Denn bei KRABBE hat – im Gegensatz zu KELSEN – das Recht noch die inhaltliche Aufgabe der Ordnung einer Gemeinschaft (76). Nun kann für ihn – voraussetzungsgemäß – die Staatsgewalt nicht weiter als die Rechtsgewalt gehen. Diese wiederum soll identisch sein mit dem im Volke vorgefundenen Rechtsbewußtsein. Mit der gleichfalls von ihm vorausgesetzten, damit aber recht einfach entproblematisierten Einheit des Ziels einer politischen Gemeinschaft sei auch die Einheit der Rechtsnormen als Postulat gegeben. Daraus muß für ihn folgen, »daß den in jenem Gemeinschaftsleben geltenden Rechtsnormen auch eine gemeinsame Rechtsüberzeugung zugrundeliegen« müsse (77). Aber er bekennt, nur zu leicht könne die große Verschiedenheit des Rechtsbewußtseins die Gewinnung der Einheit der Rechtsnorm verhindern. Die Folge davon würde sein, daß auch die Gemeinschaft auseinanderfalle, und daß das von ihr verfolgte Ziel entweder nicht erreicht oder nur in getrennten Gemeinschaften, welche den Bedingungen für die Ausbildung einer einheitlichen Rechtsnorm genügten, verwirklicht werden könne (79). Schon hier sieht man, daß für ihn doch nicht nur die Einheit der Rechtsordnung, sondern auch die Einheit des Staates, der im Staate organisierten Gemeinschaft, von Belang sein muß. Denn es erhebt sich nun für ihn die Frage, »wie bei Differenzen in Bezug auf den Inhalt eine Gemeinschaftsnorm und also Einheit der Rechtsnorm gesichert werden kann« (79).

Seine Lösung ist die demokratische. Man müsse im Auge behalten, daß Recht eine Norm »zur Ordnung einer Gemeinschaft« sei (76). Daraus folge, daß es Normen, welche einander widersprechen, überhaupt nicht geben könne (82), denn der Zweck einer Gemeinschaft könne nur durch die Einheit der Norm verwirklicht werden. Diese Einheit der Norm habe also grundlegenden Wert, sie besäße den höchsten Rechtswert, einen höheren als derjenige, »welcher dem Inhalt der Norm eignet, da die Einheit der Normen eine unerläßliche Bedingung ist für die Erreichung des Gemeinschaftszieles« (82 f.). Dieses Ziel könne nicht verwirklicht werden ohne Einheit der Norm (83).

Schon aus diesen Zitaten ergibt sich, daß die »Einheit der Norm«, der KRABBE fundamentalen Wert zuschreibt (91), nur die normative Umschreibung des Einheitswillens und des politischen Wertes einer einheitlichen Gemeinschaft ist. Doch auch die normative Fiktion verflüchtigt sich, wenn es weiter heißt: »Demzufolge legt unser Rechtsbewußtsein jener Einheit den höchsten Wert bei, mit Aufopferung, sofern es nötig ist, eines bestimmten Inhaltes, dem man den Vorzug geben würde« (83). Selbst bei qualitativer Gleichheit des Rechtsbewußtseins verschieden denkender Gemeinschaftsmitglieder braucht für KRABBE die Gemeinschaft nicht auseinanderzufallen. Denn im Rechtsbewußtsein sei auch die Verpflichtung enthalten, »unser Betragen entsprechend der Majoritätsnorm einzurichten« (87), d.h. gut demokratisch: die Majorität soll entscheiden. Kein Zweifel, daß damit eine sich selbst bewegende Rechtssouveränität preisgegeben und der souveräne Wille wieder eingesetzt ist.

4. KELSENS Theorie der Identität von Staats- und Rechtssouveränität

Wenn KELSEN hier als letzter Autor in einer Reihe steht, in der PREUSS und KRABBE seine Vorläufer sind, so ist zu sagen, daß die Art und die Antriebe seines Denkens mit dem der zuvor Genannten kaum etwas gemein haben. Kommt er auch zu dem gleichen Ergebnis wie PREUSS und KRABBE, der Leugnung der Souveränität des Staates, so hat er doch mit dem politischen Pathos der Rechtsstaatsideologie wenig gemein[70].

Das Souveränitätsproblem ist für ihn kein Problem des Rechts in einem irgendwie materialen Sinne, auch keine Frage politischer Entscheidung, sondern ein ausschließlich logisches Problem. Weit geht er über JELLINEK hinaus, der doch dem Souveränitätsbegriff noch eine gewisse praktische Bedeutung belassen wollte. Für KELSEN ist er nur eine »Annahme«, eine im Belieben des Rechtslehrers stehende »Voraussetzung im Denken des Rechts und Recht erfassenden Betrachters«[71].

KELSEN hat die umfangreichste Monographie zur Souveränitätsfrage geschrieben. Ihre Ergebnisse sollen möglichst mit KELSENS eigenen

---

[70] Gegen seine übliche Beurteilung als letzten Ausläufer des »rationalistischen Rechtsstaatsliberalismus« (HELLER) HAUG, aaO. S. 74. Von neueren Beurteilungen KELSENS vgl. ELLUL, *Die theologische Begründung des Rechtes*, München (1948), S. 8 Anm. 3 und S. 91, Anm. 43, wo KELSENS Lehre als »radikale Rechtfertigung« der faschistischen Staatsauffassung angesehen wird. Für HAUG aaO. S. 75 fällt bei KELSEN »jede echte Normativität ... der rohesten Tatsächlichkeit zum Opfer«.

[71] *Das Problem der Souveränität,* Tübingen (1920), S. 14. Die weiteren Seitenzahlen im Text.

Worten vorgetragen werden. Der radikale Dualismus des kausalen und normlogischen Denkens, die Unterscheidung kausaler Verursachung und normologischer Zurechnung, ist die Grundlage der KELSENschen Reinen Rechtslehre. Von dort ausgehend, hatte er schon in den »Hauptproblemen der Staatsrechtslehre«[72] den Staat als eine durch normologische Reflexion künstlich erzeugte Person dargestellt, deren Wille die Rechtsordnung selbst sei. Auf diesem Ergebnis baut er in seinem Buch über die Souveränität auf. Hier wird ihm die Souveränität auf dem Wege[73] logischer Konstruktion zu einem zwar »notwendigen Begriff« (3), aber dennoch nur einer »Betrachtungs-, Wertungs-Voraussetzung« (15) für die »aus irgendwelchen Gründen als höchste, nicht weiter ableitbare Ordnung« (14). »Nicht weiter ableitbar aus einer höheren positiv gesetzten Norm ..., das und nichts anderes« (14). Eine rein psychologische Frage und für die juristisch-staatsrechtliche Seite gänzlich gleichgültig (16) sei die auf irgendeiner Massenvorstellung beruhende Tatsache, »daß auch die Volksgenossen mit ihrer Staatsordnung als mit einer höchsten, nicht weiter ableitbaren operieren«. Es handele sich bei dem – auch für ihn – »Kardinal-Problem der Staats- wie der Rechtstheorie« keineswegs »um die Feststellung einer – natürlichen oder sozialen Tatsache, sondern um [...] eine Hypothese«. Nicht drauf komme es an, »ob der Staat im allgemeinen oder ob ein besonderer Staat souverän *ist*, sondern ob sich die Erkenntnis des Staates eines solchen Denkschemas bedient, [...] das die einzelstaatliche Rechtsordnung als souverän gelten läßt« (103). Denn es steht im freien Belieben des Rechtslehrers, auch die Völkerrechtsordnung als souverän anzunehmen.

Der Staat wird für KELSEN bei diesen Gedankengängen zur Rechtsordnung selbst oder einem Teil derselben. Doch dies nicht deshalb, weil er es für politisch richtig oder materiell gerecht halten würde, den Staat im Recht aufgehen zu lassen – ihm ist jeder Staat ein Rechtsstaat (26) – sondern allein »weil eben ›rechtlich‹ nichts anderes begriffen werden kann als das Recht« und den Staat rechtlich begreifen nichts anderes heißen könne, als den Staat als Recht zu begreifen

---

[72] Tübingen (1911).

[73] ..., bei dem es an vielen »Übergängen« nicht fehlt, so z.B. bei der grundlegenden Behauptung des Staates als Subjekt der Souveränität (5). Aus der bloßen Tatsache, daß in der jüngeren Literatur die herrschende Lehre den Staat zumeist als Subjekt der Souveränität angesprochen hat, schließt er, daß »damit eine während der ganzen Geschichte sich geltendmachende, nur zeitweise zurückgedrängte Erkenntnistendenz endgültig durchgedrungen sei«.

(12). Damit erledigt sich für ihn »der Streit, ob Souveränität eine Eigenschaft des Staates oder des Rechtes sei«. Souveränität sei Eigenschaft des Rechtes, weil Eigenschaft des Staates (102).

Vielfach werden diese Sätze von Kelsen abgewandelt. Sie laufen im Ergebnis immer wieder darauf hinaus, Souveränität bedeute die Unmöglichkeit, eine Rechtsordnung aus einer höheren abzuleiten. Schranken seien der souveränen Staats-Rechts-Ordnung nicht gesetzt. Es gibt für ihn keinen Inhalt, der dem Wesen des Staates widerspräche. Jeder beliebige Inhalt könne von der Rechtsordnung aufgenommen werden. »Die Einführung der Sklaverei als Rechtsinstitut liegt durchaus im Bereich der Möglichkeiten einer Rechtsordnung oder eines Staates« (45). Nicht ausdrücklich genug kann Kelsen betonen, daß der Begriff des Sollens für ihn keinerlei materielle Bedeutung hat, es handele sich um einen rein formalen Begriff (10). Das Problem der Einheit der Rechtsordnung, im Mittelpunkt der Souveränitätstheorie stehend, und auch für Kelsen ein Hauptgegenstand seiner Arbeit (III), ist für ihn nur gestellt als Problem der juristischen Erkenntnis, die »in der Erzeugung eines einheitlichen Systems von Rechtssätzen ihre Aufgabe als Wissenschaft« erfülle (III). Auch das Problem der Geltung von Rechtssätzen hat für ihn nichts mit dem Vorhandensein einer Willenseinheit zu tun. Denn Recht ist eben nur als Sollgeltung, nicht als Seinswirkung gegeben (100). Finde eine Rechtsnorm in dem durch reines Denken konstituiertem Einheitssystem Rechtsordnung Platz, sei sie in diesem Sinne einmal gesetzt und damit positiv, so gelte sie auch (92).

Es ist interessant, daß aber auch Kelsen auf der letzten Stufe seines Systems nicht ohne wenigstens eine Andeutung eines menschlichen Willens auskommen kann. Es ist die »Grundnorm«, die all das erfüllen solle, was im Leben einem souveränen Willen zukommt. Sie setzt für ihn »als juristische Hypothese« den Verfassungsgesetzgeber ein (V), bestätigt jeder Obrigkeit, daß man ihren Befehlen zu gehorchen habe (27), und sie ist es, die dem »ganzen aus ihr erzeugten Rechtssystem die Qualität der Souveränität leiht« (94). Doch wenn es ganz in das Belieben des Rechtslehrers gestellt ist, die staatliche oder die Völkerrechtsordnung als souverän anzunehmen, wenn Wirklichkeitserkenntnis ganz außerhalb der Rechtslehre liegt, so kann auch die Grundnorm – eine Hypothese – die hier vollzogene völlige Auflösung des Souveränitätsbegriffes in einen Rest von Logik nicht rückgängig machen.

So hat denn auch kaum eines der Bücher KELSENS eine schärfere Ablehnung erfahren als jenes über das Problem der Souveränität[74]. Doch hat die Kritik gezeigt, daß sein System in seiner logischen Geschlossenheit von innen heraus nur schwer angreifbar war. Und so hat man an KELSENS Prämissen, die auf schon zur Zeit des Erscheinens seiner Bücher überwundenen Ergebnisse der Erkenntnistheorie, Psychologie und Soziologie des ausgehenden 19. Jahrhunderts beruhen, Kritik geübt[75]. Im übrigen aber hat man KELSENS Lehre entweder scharf abgelehnt oder ist ihr mehr oder weniger bedingungslos gefolgt.

Es mag aber sein, daß der KELSENschen Souveränitätstheorie zum gegenwärtigen Zeitpunkt besondere Gefahren innewohnen, die mehr denn je fordern, sie abzulehnen. Es kann kein Zweifel daran bestehen, daß das Souveränitätsproblem, seit je im »Brennpunkte« von Staatstheorie und Völkerrecht[76], zu einem politischen Lebensproblem ersten Ranges geworden ist. Eine Staatstheorie, die alle Kompliziertheiten und Differenziertheiten der Wirklichkeit, alle realen Spannungen und Antinomien des Lebens gemäß dem Prinzip der »denkökonomischen Vereinfachung« negiert (99), die alle Lebenswirklichkeiten als Fiktionen, Ideologien, psychologische Massenerscheinungen »entlarvt«, wird man bei solcher Lage ablehnen müssen. Denn auf ihrem Boden wachsen jene Lösungsversuche unseres Problems, die glauben, man könne die Souveränität »übertragen«, wie Wasser von einem Schlauch in einen anderen. Sie weiß nichts von einer verantwortlichen Bewährung an einer Wirklichkeit, die sie als bloßes Faktum den »brutalen« Faktensetzern überläßt. Wenn es richtig ist, daß die Souveränität des Staates zu einer Frage weitschichtigster historischer, sozialwissenschaftlicher und ethischer Problematik geworden ist und nur als solche in engem Zusammenhang mit dem Recht auch juristisch erfaßt werden kann, so wird eine Theorie, in der es das alles gar nicht gibt, der es nur um die »Rückführung auf die einfachen und reinen Relationen des Rechtssatzes« geht (IV), kaum eine Hilfe sein können.

---

[74] Vgl. besonders E. KAUFMANN, *Kritik der neukantischen Rechtsphilosophie,* S. 76, 52; S. MARCK, *Substanz- und Funktionsbegriff in der Rechtsphilosophie,* Tübingen 1925, und MAX ADLER, *Die Staatsauffassung des Marxismus,* Wien (1922).

[75] HELLER, *Souveränität,* S. 78; SMEND, *Verfassung,* S. 2 Anm. 2.

[76] MARCK, aaO. S. 20.

5. Souveränität und Formprinzip

Die bisher vorgeführten Theorien, die sämtlich der Souveränität des Staates nur eine geringe oder keine positiv-rechtliche und staatstheoretische Bedeutung zumessen, geben Anlaß zu einer allgemeineren Betrachtung. Otto KIRCHHEIMER hat gelegentlich auf den Zusammenhang zwischen der Frage nach der Souveränität und der Frage nach der Stärke des politischen Formprinzips hingewiesen[77]. In der Tat scheint es so zu sein, daß dort, wo ein besonderes und ausgeprägtes politisches Formprinzip fehlt und der Staat als Rechtsmechanismus nur in der Form der sich jeweils in der Regierung abwechselnden Klassen besteht[78], der Schritt zur Ausschaltung des Souveränitätsbegriffes naheliegt. Denn wenn das »Grundproblem des Souveränitätsbegriffes die Verbindung von faktisch und rechtlich höchster Macht ist«[79], so ist in einem »reinen Staat«, dessen Aufgaben sich auf Polizei- und Schiedsfunktionen beschränken, und damit typisch in allen liberalen Staatstheorien für den Souveränitätsbegriff nur wenig Raum. Jedenfalls für einen inhaltlichen Begriff. Denn mit dem Aufgehen des Staates im Recht soll er aufhören, eine höchste Gewalt im Sinne einer auch faktisch höchsten Gewalt zu sein. »Der Rechtsstaat« als politisches Postulat selbst kann dabei nicht als politisches Formprinzip angesprochen werden. Er war es in der ersten Hälfte und Mitte des vorigen Jahrhunderts als Ideal und polemischer Begriff gegen die Übergriffe des noch nicht konstitutionell beschränkten Monarchen und seiner Bürokratie. Mit GNEIST, nicht zu sprechen von KELSEN, wird jeder Staat zum Rechtsstaat im Sinne eines staatlichen Organisationsprinzips und damit zu einer politisch indifferenten Form[80]. In der liberalen deutschen Rechtsstaatstheorie ist so denn auch typischerweise für die »politische Gewalt« kein rechter Ort mehr. Es gibt nur noch Gesetzgebung und Vollziehung. Auch dort, wo der Sinn für politische Entscheidungen sich verflüchtigt, wie es C. SCHMITT[81] für einen Teil des romantischen Staatsdenkens gezeigt hat, wird dem Souveränitäts-

---

[77] »Zur Staatslehre des Sozialismus und Bolschewismus«, *Zeitschrift für Politik* 17, S. 609, Anm. 37.

[78] Darin sieht Kirchheimer das charakteristische Merkmal der formalen Rechtsstaatsdemokratie, deren Existenzvoraussetzung ein annäherndes Gleichgewicht der sich bekämpfenden Klassen sei, aaO. S. 596.

[79] C. SCHMITT, *Politische Theologie,* S. 20.

[80] Vgl. SCHINDLER, »Über den Rechtsstaat«, in: *Festgabe für Max Huber*, Zürich (1934) = *Nachlaß* S. 163 ff., insbesondere S. 163.

[81] *Politische Romantik,* München und Leipzig (1919).

begriff der Boden entzogen. Wenn JELLINEK festgestellt hatte, daß die großen Wendungen der Souveränitätslehre immer von Männern ausgegangen seien, die regen Anteil an den politischen Kämpfen ihrer Zeit nehmen und die Richtung des Sieges durch neue Ideen bestimmen wollen[82], so waren sie dabei auch stets von einem starken politischen Formprinzip getragen.

Auch das Menschenbild einer Staatslehre ist von Bedeutung für die Stellung zur Souveränitätsfrage. So fragwürdig eine politische Anthropologie ist, die von den Grenzfällen her konstruiert, so wird man doch sagen können, daß, wo der Mensch als von Natur gut und perfektionabel angenommen wird, auf eine heteronom gebietende souveräne Macht verzichtet werden kann. Wo er dagegen als von Natur böse angenommen wird, herrscht ständig ein gehemmter Bürgerkrieg, der nur durch eine souveräne Gewalt am offenen Ausbruch gehindert werden kann. In unserer Literatur sind KRABBE und C. SCHMITT die rechten Gegenspieler. Außerhalb dieser Extreme stehen HERMANN HELLER und HANS HAUG, für die HELLERS Wort maßgebend ist, daß die Immanenzauffassung des Staates »weder eine übermenschliche noch eine untermenschliche, sondern ... eben eine menschliche Deutung des Staates« sein müsse«[83].

III. Gegenbewegungen: Die Souveränitätslehren der Weimarer Zeit

1. Allgemeiner Überblick

GEORG JELLINEK, KRABBE und KELSEN stehen am Anfang des in diesem Überblick eingehender behandelten Zeitraumes. Sie stehen zugleich am Schluß einer Epoche. Das Ende des ersten Weltkrieges, die Weimarer Verfassung und die mit ihr aufgegebenen Probleme, die Möglichkeit einer echten Sozialrevolution und ihr kurzes Abbrechen sind Meilensteine für den Neueinsatz der deutschen Staatstheorie. Das Bedürfnis, sich von alten Formeln freizumachen und nach einem »Positivismus des Seins« wie einem »Positivismus des Sollens«[84] die soziale Wirklichkeit in ihrem seins- und wertbestimmten Charakter wieder

---

[82] *Allgemeine Staatslehre*, S. 413.

[83] *Staatslehre*, S. 36.

[84] SCHÖNFELD, *Geschichte der Rechtswissenschaft im Spiegel der Metaphysik*, Berlin (1943), S. 50, S. 64.

in den Griff zu bekommen, bestimmt den vor uns liegenden Zeitraum, für den die Arbeiten von CARL SCHMITT und HERMANN HELLER in diesem Zusammenhang maßgebend sind. Ihre Arbeiten stehen in einem scharfen Gegensatz zu dem inhaltsleeren Formalismus der vorangegangenen Zeit, orientieren sich aber zugleich polemisch an ihm und bleiben so gebunden an die Systematik, in der der Souveränitätsbegriff bis dahin allein seinen Ort fand. Denn so sehr beide nach dem sozialen und politischen Sinn einer höchsten Gewalt fragen, so sehr bleibt ihre Souveränitätslehre doch eine solche der höchsten (souveränen) Gewalt des Staates, nicht eine vom unabhängig-souveränen Staat überhaupt. Und auch in der Frage nach dem Sinn der höchsten Gewalt bleibt ihre Stellungnahme polemisch orientiert an der gegenüberstellenden Verbindung von »*Faktisch* und rechtlich höchster Macht« (SCHMITT), von »*Wille* und Norm« (HELLER), wobei nunmehr im Gegensatz zur alten Lehre auf den jeweils ersten der gepaarten Begriffe aller Akzent gelegt wird.

Zwei Ergebnisse der mit KELSEN abgeschlossenen Epoche der Souveränitätslehre waren für die Weiterentwicklung besonders entscheidend: 1. der Wegfall einer dem Souveränitätsbegriff zugehörigen, auf eine Willenseinheit zurückführbaren Entscheidungskompetenz, die über die rechtlich normierbaren Kompetenzen hinausgeht und 2. der Verlust eines Subjekts der Souveränität.

Zum ersten: Zwar ist bei JELLINEK und ANSCHÜTZ noch von »höchster Gewalt« die Rede, bei ihnen verbindet sich mit dem Souveränitätsbegriff noch die Vorstellung einer letzten Entscheidungsbefugnis innerhalb einer sozialen Ordnung. Aber wo sie die »praktische Bedeutung« der Souveränität auf eine »juristische Hilfsvorstellung« reduzieren soll und der Glaube an die Kraft rechtsstaatlicher Formen und an ein unpersönliches Funktionieren des Staatsapparates das Staatsdenken bestimmt, mußte die Notwendigkeit und Problematik der souveränen Entscheidung doch am Rande liegen. Einer entpersönlichten, entindividualisierten Auffassung des Staates und seines Rechts setzt die neue Souveränitätslehre die starke Betonung der Entscheidung entgegen.

Zum anderen ist es die Subjektlosigkeit der Souveränität in der alten Staatslehre, die den Gang der Theorie bestimmt. Für CARL SCHMITT wird die Frage nach dem Subjekt der Souveränität identisch mit der Frage der Souveränität überhaupt[85]. Auch für HELLER ist sie

[85] *Politische Theologie*, S. 9.

die »crux unseres Problems«[86]. Die ältere Staatstheorie hatte den »Staat« als Subjekt der Souveränität bezeichnet, genauer, sie einer substantiellen Staatsgewalt als Eigenschaft zugeschrieben. Für CARL SCHMITT löst sich dieses Problem einfach. Für ihn ist der Staat als Subjekt der Souveränität nur die Hypostasierung einer fingierten höheren Einheit als reales Subjekt einer realen Macht[87]. Dem setzt er, nachdem das Wort über hundert Jahre auch im monarchischen Staatsrecht nur als Eigenschaftswort gebraucht wurde, einen realen »Souverän« entgegen[88]. Souverän soll sein, wer die absolute Macht hat. Wer das ist, müsse im einzelnen Falle festgestellt werden[89]. HELLER macht es sich sehr viel schwerer. In Auseinandersetzung mit dem Staatsbegriff der alten Lehre entwickelt er in seinem Souveränitätsbuch Grundgedanken seiner ganzen, in der nachgelassenen Staatslehre[90] weiter ausgeführten großen Theorie, die von dem in dem älteren Buch gewonnenen Souveränitätsbegriff in vielen Punkten abhängig wird.

HERMANN HELLER und CARL SCHMITT sind nach ihrem politischen Standort die Gegenpole unter den deutschen Staatsrechtslehrern der Weimarer Zeit. HELLER, 1933 in der Emigration gestorben, demokratischer Sozialist sehr entschiedener Stellungnahme, muß den Wegbereiter des Dritten Reiches – man wird es sagen können – bald wie einen persönlichen Feind verachtet haben. Er hat den »radikal desillusionierten Machiavellisten«[91], dem alle Ideen nur *arcana imperii* seien, und seine »Amoralisierung des Rechts«[92] scharf bekämpft. Wenn das hier angedeutet wird, so nur, weil jede Souveränitätslehre eben wohl mehr als jedes andere staatsrechtliche Grundproblem nur aus ihren geschichtlichen, sozialen und ethischen Grundlagen heraus zu verstehen ist. Das zeigt sich bei SCHMITT und HELLER, so wie es bei BODIN, HOBBES, ALTHUSIUS bis hin zu JELLINEK und KELSEN außer Frage steht. Gerade in der Gegenüberstellung von SCHMITT und HELLER wird die Ambivalenz ein- und derselben Begriffsbestimmung der Souveränität offenbar, ihr unlösbarer Zusammenhang mit dem Au-

---

[86] *Souveränität*, S. 59.

[87] *Diktatur*, S. 27 Anm. 2.

[88] So wird man den ersten Satz der *Politischen Theologie* lesen können: »Souverän ist, wer über den Ausnahmezustand entscheidet.«. Vgl. *Legalität und Legitimität*, S. 10 und JW 55 (1925), Sp. 2272 und *Römischer Katholizismus und politische Form* (1923), S. 63 f.

[89] Vgl. die Bodin-Interpretation, *Diktatur*, S. 27.

[90] Leiden (1934).

[91] *Probleme der Demokratie*, Heft 10 (1931), S. 61.

[92] *Staatslehre*, S. 195.

ßerrechtlichen. Denn für beide steht die souveräne letztinstanzliche Entscheidung im Vordergrund des Problems. Aber welch Unterschied der Begründung! Bei SCHMITT die Entscheidung um der Entscheidung willen. Schon die Frage nach einem Ziel oder einer Begründung wird als normativistisch oder rationalistisch abgelehnt. Dagegen bei HELLER eine eingehende Darstellung aus den Notwendigkeiten des gesellschaftlichen Zusammenlebens heraus. Überhaupt ist HELLER der erste, der den Souveränitätsbegriff wieder im Zusammenhang der beständigen Funktion des staatlichen Willens als höchster Ordnungsmacht im Sozialen erörtert. Hatte doch die alte Lehre die Frage nach dem Zweck und der Rechtfertigung des Staates (soweit sie sie überhaupt gestellt hatte), vom Souveränitätsproblem völlig getrennt.

SCHMITT und HELLER sind die einzigen Autoren, die sich im Deutschland der Weimarer Zeit eingehender mit dem Souveränitätsproblem auseinandergesetzt haben[93]. Auch der durch Art. 1 II der Weimarer Verfassung (»Die Staatsgewalt geht vom Volk aus«) bezeichnete große Umschwung zur Volkssouveränität ist in der Literatur kaum behandelt worden[94]. Im Zusammenhang des Bundesstaatsproblems verlor die Souveränitätsfrage auch an Bedeutung, da nach der Weimarer Verfassung kaum noch daran gezweifelt wurde, daß die Länder ihre Souveränität verloren hatten[95]. Allerdings verband sich damit auch eine gewisse theoretische Resignation[96]. Denn im Bun-

---

[93] Die große Mehrzahl der Autoren äußert sich zum Souveränitätsproblem nur ganz kurz, zumeist im Sinne der JELLINEK-ANSCHÜTZschen Lehre. So STIER-SOMLO, *Deutsches Reichs- und Landesstaatsrecht I*, Berlin und Leipzig (1924), S. 55 ff.; HATSCHEK, *Das Reichsstaatsrecht*, Berlin (1923), S. 5; KOELLREUTTER in: STIER-SOMLO/ESTERS *Hdwb. der RWiss.* Bd. 5, S. 592; POETZSCH-HEFFTER, *Handkomm. d. RV* (1928) zu Art. 1 Abs. 2; THOMA im *Handbuch des Deutschen Staatsrechts I* (1930), S. 174 ff.; DERS., *Grundriß der allgemeinen Staatslehre*, Bonn (1948), S. 65, 67 ff.; GIESE, *Allgemeines Staatsrecht*, Tübingen (1948), S. 23; DERS., *Die Verfassung des Deutschen Reiches* (1931), 8. Aufl., S. 39; WENZEL, *Juristische Grundprobleme*, Berlin (1920), S. 240 ff.; etwas ausführlicher nur WALDECKER, *Allgemeine Staatslehre*, Berlin (1927), S. 634 ff. unter dem Gesichtspunkt der staatlichen Organisation.

[94] Unter dem Stichwort »Demokratie« bei WITTMAYER, *Die Weimarer Reichsverfassung* 1922. Die grundlegende Bedeutung des Art. 1 II WRV für die Interpretation der Gesamtverfassung hebt HELLER öfters hervor. Einiges auch bei GEBHARD, Handkommentar zur Verfassung des Deutschen Reiches (1932), S. 58 ff.; ARNDT, *Die Verfassung des Deutschen Reiches*, Berlin und Leipzig (1921), S. 46 f.; PREUSS, *Reich und Länder*, Berlin (1928), S. 50 f.

[95] Vgl. ANSCHÜTZ, *Kommentar zur Reichsverfassung*, 14. Aufl. (1933), S. 41.

[96] Einige typische Stellen: *Heft 1 der Veröffentlichungen der Vereinigung deutscher Staatsrechtslehrer;* TRIEPEL, »Streitigkeiten zwischen Reich und Ländern«, in: *Festschrift für Kahl*, II., S. 50 f.; HAUG, aaO., S. 76 ff. und HELLER, *Souveränität*, S. 111 f.

desstaatsproblem hatte sich der Mangel einer materialen staatstheoretischen Grundlegung der Souveränitätslehre – als Lehre vom souveränen Willensverband – besonders bemerkbar gemacht. War es doch eine unbefriedigende Lösung, wenn man souveräne und halbsouveräne Staaten nur voneinander unterscheiden konnte, indem verglichen wurde, ob einer Staatsgewalt *noch* jene Kompetenzen zustanden, die man für eine vollkommene, souveräne Staatsgewalt für unentbehrlich hielt. Bei solchem Verfahren konnte man – je nach den Voraussetzungen, die man machte, – jedes gewünschte Ergebnis erzielen. So sagt KELSEN[97] sicher zu Recht, die herrschende Lehre habe die Souveränität entweder beim Glied oder Bundesstaat vorausgesetzt, um dann Beweise für die Richtigkeit der Voraussetzung zu erbringen[98, 99].

Überhaupt zeigte die Lehre von den Staatenverbindungen, und das ist entscheidend auch für die heutige Problematik des Völkerrechts, daß mit der Lokalisierung der Souveränität beim Bundesstaat oder Gliedstaat über die Eigenart dieser politischen Formen (Bundesstaat, Staatenbund) noch nicht viel ausgesagt ist, sofern nicht Prinzipien des Zusammenwirkens aufgezeigt werden, wie sie z.B. RUDOLF SMENDS »allgemeinem bündischen Rechtssatz der bundesfreundlichen Haltung«[100] zugrundeliegen. Denn entsprechend ist auch im Völkerrecht mit der Bezeichnung der Staaten als »souverän« über das oberste Prinzip ihres *Zusammen*lebens wenig ausgesagt.

2. CARL SCHMITTS Lehre der souveränen Dezision über die Ausnahme

a. »Souverän ist, wer über den Ausnahmezustand entscheidet«[101]. CARL SCHMITT hat diesen Begriff im Jahre 1922 geprägt und ihn bis 1932 beibehalten. Er gehörte zum Fundament seines dezisionistischen Systems und damit einer Denkweise, die heute nichts von ihrer Aktualität verloren hat, ist sie doch in Zeiten fluktuierender Sozialstruktur und starker sozialer und internationaler Spannungen von ganz besonderer Anziehungskraft. Sie ist zeitgeschichtlich die Antwort auf

---

97 *Souveränität*, S. 15.

98 Gegen dieses Verfahren KELSENS, STRUPPS *Wb. des Völkerrechts und der Diplomatie*, 2. Bd. (1925), S. 556.

99 So sagt auch JELLINEK, *Allgemeine Staatslehre*, S. 712: »Bei allen Staatsrechtslehrern, die das Reich juristisch konstruieren, war zuerst die politische Überzeugung von dessen Natur vorhanden, zu der hierauf die juristische Rechtfertigung gesucht wurde«.

100 *Verfassung*, S. 124, 168, 170.

101 *Politische Theologie*, S. 9.

eine vorgefundene soziologische Situation, die sich SCHMITT für den hier interessierenden Zusammenhang als »pluralistische Auflösung« der Einheit des Staates darstellte. Mit dem Übergang zum totalen Staat unterzog SCHMITT diesen Begriff einer Wandlung, indem er ihn aus dem Diktaturzusammenhang herauslöste, um im Souverän den höchsten Gesetzgeber, höchsten Richter und Befehlshaber zugleich zu sehen, »letzte Legalitätsquelle und letzte Legitimitätsgrundlage«[102]. In der Gestalt des souveränen Führers repräsentiert sich ihm wenig später die Einheit des konkreten Volkes[103]. Da sein eingangs angeführter Begriff allein von bleibendem Interesse ist, beschränken wir uns auf seine Interpretation, wobei SCHMITTS Schriften bis zum Jahre 1932 als Einheit genommen werden sollen[104].

Sagte CARL SCHMITT schon 1922, von allen juristischen Begriffen sei der der Souveränität »am meisten von aktuellen Interessen beherrscht«[105], so zeigt die spätere Preisgabe des Begriffs, die in der Konsequenz des Übergangs vom Dezisions- zum konkreten Ordnungsdenken liegt, daß kaum eine seiner scharfen Definitionen so zeitgebunden war wie dieser Begriff der Souveränität. Zur Wiedergabe seiner Lehre wird es seinem »Begriffsrealismus« (SMEND) vielleicht

---

[102] *Legalität und Legitimität*, S. 10.

[103] *Staat, Bewegung, Volk*, Hamburg (1933).

[104] Das nationalsozialistische Schrifttum kennt Problem und Begriff der Souveränität seit 1935 nur noch als völkerrechtliches. So bedeutet für KOELLREUTTER, *Grundriß der allgemeinen Staatslehre*, Tübingen (1933), S. 61, Souveränität im Rechtssinne noch die »Fähigkeit ausschließlicher Rechtsbestimmung in der inner- und außerstaatlichen Gestaltung«. Sein *Deutsches Verfassungsrecht*, Berlin (1935), kennt den Begriff nur noch als völkerrechtlichen. Ebenso E. R. HUBER, *Verfassungsrecht des Großdeutschen Reiches*, Hamburg (1937) und spätere Auflagen. – Erwähnung verdient die Behandlung des völkerrechtlichen Souveränitätsbegriffs seit 1940. Unter dem von CARL SCHMITT geprägten Stichwort »Großraumordnung« wird das Ende der Souveränität der im deutschen Machtbereich stehenden Staaten verkündet. Dafür werden sie zu »Gefolgsstaaten« der durch rassische Qualifikation zur Führung berufenen »Schutzmacht« erhoben. Vgl. die letzten Jahrgänge der Zeitschriften »Reich, Volksordnung, Lebensraum, »Großraumordnung« (hrg. von R. HÖHN) und der »Zeitschrift für öffentliches Recht« und der »Zeitschrift für Politik«. Schon zuvor finden sich ähnliche Gedankengänge bei EBERHARD MENZEL, *Grundlagen des neuen Staatsdenkens*, Eisenach (1934): »[...] das Reichsdenken erkennt eine Rangordnung der Staaten und damit auch innerhalb der Volksgemeinschaft (– wohl richtig: ...schaften –) ein Führer-/Gefolgschaftsverhältnis an. Diese neue Lehre überwindet damit zugleich das Souveränitätsdenken, weil der formal-rechtliche Glaube an die Unabhängigkeit der Staaten zerschmilzt vor dem Wissen um die Führeraufgabe eines dazu berufenen Volkes und Staates«. AaO. S. 65.

[105] *Politische Theologie*, S. 19.

am besten entsprechen, die einzelnen Begriffselemente für sich zu zerlegen.

b. Es ist eine der von CARL SCHMITT oft vorgetragenen Thesen, daß Normen nur für normale Situationen gelten. Die vorausgesetzte Normalität der Situation sei ein positiv-rechtlicher Bestandteil ihres Geltens[106]. Von hier aus ergibt sich ihm, daß die Wiederherstellung einer im Ausnahmezustand aufgelösten Ordnung oder auch die Herbeiführung einer neuen Ordnung aus einem Ausnahmezustand heraus nicht auf dem Wege der Anwendung von Normen erreicht werden kann. Die Norm brauche ein homogenes Medium. Ohne normale Situation sei jeder rechtsstaatliche Normativismus ein Betrug. »Es gibt keine Norm, die auf ein Chaos anwendbar wäre«[107]. Wann nun tritt ein solches Chaos für SCHMITT ein?

Er äußert sich darüber anfangs recht unbestimmt. Die Ausnahme, der in der Rechtsordnung nicht umschriebene Fall, könne höchstens

---

[106] *Politische Theologie*, S. 13; *Legalität*, S. 72; *Begr. des Politischen*, S. 34; *Hüter der Verfassung*, S. 72; *Über die drei Arten des rw. Denkens*, S. 10, 22 f. – Die These, die mehr auf dem Einklang von »Norm« und »Normalität« als auf sachlichen Darlegungen aufgebaut ist, kann in dieser Schärfe nicht überzeugen, dient das Recht doch gerade zur Normalisierung und Formalisierung, d.h. Schlichtung und Befriedung nichtnormaler Situationen, nämlich von Streitfällen. Zweifellos gibt es Spannungen, die im Rahmen eines bestehenden formellen Rechts nicht zu bewältigen sind. In der obigen Fassung bedeutet die These aber eine Sinnloserklärung allen Rechts, denn wozu normale, berechen- und voraussehbare, spannungslose Situationen noch normieren? Die These ist überdies ein Ausdruck für das Unverständnis SCHMITTS für den Sinn des formellen Verfassungsrechts überhaupt, das auf der tiefliegenden Abneigung gegen den »funktionalistischen Betrieb« eines gewaltenteilenden Rechtsstaates beruht. Hier liegt auch eine der Ursachen für das Fehlen einer echten Staatstheorie SCHMITTS, der Verfassungstheorie ohne Staatstheorie betrieben hat. Denn der Staat als Organisation ist nicht aus der Statik irgendwelcher Substanzen, sondern wie alle menschliche Wirklichkeit nur aus ihrer Funktion, d.i. ihrer normbestimmten Wirksamkeit her zu begreifen. Auch die Magerkeit seiner Soziologie juristischer Begriffe, die sich darauf beschränkt, zwischen den verschiedenen sozialen und ideologischen Formen geistesgeschichtliche Parallelitäten, Analogien usw. zu finden (*Politische Theologie*, 2. Aufl., München und Leipzig [1934], S. 58 f.), ist hier vorbestimmt.

Zu welch rechtlosen Konsequenzen eine Auswalzung der obigen These von der vorausgesetzten Normalität der Situation als »positiv-rechtlichem« Bestandteil des Geltens einer Norm überdies führen mag, verdeutlicht die Anwendung auf eine konkrete Revolution. Hat man das Fehlen einer normalen Situation, an die man die extremsten Forderungen knüpfen mag, einmal nachgewiesen, so ist die rücksichtsloseste Mißachtung alles überkommenen Rechts bereits gerechtfertigt. Diese These akzeptieren heißt, die *clausula rebus sic stantibus* auch zum Anfang und Ende allen Staatsrechts zu erheben.

[107] *Politische Theologie*, S. 13.

als Fall äußerster Not, Gefährdung der Existenz des Staates oder dergl. bezeichnet, nicht aber tatbestandsmäßig umschrieben werden[108]. Deutlicher wird seine Auffassung, wenn er – in historischem Zusammenhang – schreibt, der von Stände- und Klassenkämpfen erschütterte Staat sei seiner Konstitution nach in einem fortwährenden Ausnahmezustand und sein Recht bis ins letzte Element Ausnahmerecht[109]. Seine wenig später vorgetragene Lehre vom Pluralismus und der Polykratie des modernen Parteienstaates hat dann im Grunde genommen nichts anderes zum Gegenstand, als den Nachweis zu erbringen, daß sich der Weimarer Staat in einem permanenten wirtschaftlich-finanziellen Ausnahmezustand befinde, der verfassungsmäßig und legal nur durch die Diktatur des Reichspräsidenten abgewehrt werden könne[110].

Denn da der Staat als über dem Sozialen stehende Einheit und die Verfassung von Weimar als Entscheidung für den bürgerlichen Rechtsstaat aufgefaßt wird, erscheinen ihm alle sogenannten pluralistischen und polykratischen Aufspaltungen und Zerteilungen als verfassungswidrig[111]. Da ihm aber der konkrete Verfassungszustand durch diese Erscheinungen charakterisiert erschien, wird man schließen dürfen, daß die Weimarer Demokratie für ihn *der* Ausnahmezustand gewesen ist[112].

c. Die Überwindung eines Ausnahmezustandes ist bei SCHMITT nur durch eine »Entscheidung« möglich. Sie ist die Grundlage seines gan-

108 *Politische Theologie*, S. 9.

109 *Diktatur,* S. 18.

110 *Hüter der Verfassung,* S. 71 ff., 115 ff., 131.

111 *Hüter der Verfassung,* S. 131.

112 Sie so zu interpretieren, war nach seiner Definition der Demokratie nur konsequent, einer Definition, die kein gutes Beispiel ist für die Wirkung anscheinend ganz wertneutraler, objektiver politischer Theorie, die gerade darum, weil sie nur »objektiv« sein will, die geschichtliche Fülle eines politischen Begriffes nicht erfassen kann. Sonst hätte SCHMITT nicht zu einer so leeren Definition der Demokratie kommen können, die von ihr nur eben »eine Reihe von Identitäten« übrig läßt (Identität von Regierenden und Regierten, Staat und Gesetz, Volk und Staat usw.: »... letztlich Identität des Quantitativen mit dem Qualitativen«.) Vgl. *Parlamentarismus*, S. 14; *Hüter der Verfassung*, S. 86; *Legalität*, S. 27 ff.; *Verfassungslehre*, S. 223 ff.

Die Technik dieser Begriffsbildung ist bei ihm immer die gleiche: Die literarischen Äußerungen alter politischer Schriftsteller, besonders der Revolutions- und Restaurationszeit, werden 1. für die Substanz der Sache genommen, 2. ihres polemisch-geschichtlichen Gehalts entkleidet. Die so gewonnenen abstrakten Definitionen 3. wieder mit einer konkreten geschichtlichen Wirklichkeit verglichen, die im Namen jener Begriffe auftritt, und damit 4. die Ridikulität jener Begriffe wie die Inadäquanz der Wirklichkeit zu jenen Begriffen aufgedeckt.

zen juristischen Systems[113]. Normativ betrachtet sei eine Entscheidung aus dem Nichts geboren. Normativ völlig indifferent, gäbe es für sie keine Maßstäbe oder Richtpfeile, es sei denn, daß man »Sachgemäßheit«, »Zweckmäßigkeit«, »Nützlichkeit«, »situationsbestimmte Angemessenheit« und ähnliche Ausdrücke dafür nehmen wolle. Im Gegenteil, jeder Versuch aus irgendeinem Sinnzusammenhang heraus zu rechtfertigen, wird von SCHMITT als »normativistisch« oder »rationalistisch« abgelehnt. Nicht in ihrem Inhalt, sondern in ihrer Bestimmtheit liege der konkrete Wert einer Entscheidung. Sie sei um so besser, je genauer man wüsste, woran man ist. Gerade in den wichtigsten Dingen sei es wichtiger, daß entschieden werde, als wie entschieden wird[114].

Das Kennzeichnende seiner Lehre als Rechtslehre ist nun, daß trotz der Unmöglichkeit, die Entscheidung auf eine Norm zu beziehen, ihr doch »normative Eigenheit« zukomme, die als spezifisch juristisches Normelement anzusprechen sei[115]. Die für bestimmte Ausnahmefälle gedachte Lehre vom fehlerhaften Staatsakt weist ihm den Weg, der von jeder, auch jeder überpositiven Norm völlig losgelösten Dezision selbst »rechtliche Kraft« zuzusprechen. Im Ausnahmefall, d.h. im Souveränitätsfalle, mache sich die Entscheidung frei von *jeder* normativen Gebundenheit. Sie würde im eigentlichen Sinne absolut, bliebe aber trotzdem Gegenstand der juristischen Erkenntnis, da beide Elemente, die Norm wie die Entscheidung, im Rahmen des Juristischen verblieben[116]. Doch kann diese Lehre bei SCHMITTS Prämissen nicht überzeugen. Denn wenn jede Norm auf einer normativ ganz unverantwortlichen Entscheidung beruht, wie SCHMITT es behauptet, so kann nur ein schrankenloser Voluntarismus sagen, daß daraus Recht entstehen könne. Wenn man der souveränen Dezision SCHMITTS somit kaum rechtliche, denn das ist immer auch normative, Bedeutung zumessen kann, so ist zu fragen, was er faktisch unter einer souveränen Entscheidung versteht, ist doch die Verbindung von »rechtlich und faktisch höchster Macht« für ihn das Grundproblem der Souveränität[117].

---

[113] Später hat SCHMITT sich dann vom Dezisionismus ab – und dem »konkreten Ordnungsdenken« zugewandt. Vgl. Über die drei Arten (1934).

[114] *Politische Theologie,* S. 10.

[115] Ebd. S. 31 f., S. 13.

[116] Ebd. S. 13.

[117] Ebd. S. 20.

Sie ist für ihn eine sofort vollziehbare Anordnung[118], eine »Maßnahme«, eine »Aktion«. Wenn er die Tätigkeit eines Diktators bei Beseitigung eines Ausnahmezustandes schildert, so gibt das ein Bild einer solchen auf eine Entscheidung zurückzuführenden Maßnahmenvollziehung. Der Inhalt der Tätigkeit eines Diktators sei[119]: »etwas ›ins Werk zu richten‹: der Feind soll besiegt, der politische Gegner beruhigt oder niedergeschlagen werden. Immer kommt es auf die ›Lage der Sache‹ an. Weil ein konkreter Erfolg herbeigeführt werden soll, muß der Diktator mit konkreten Mitteln in den kausalen Ablauf des Geschehens unmittelbar eingreifen. Er handelt … deliberiert, konsultiert nicht … Er kann daher, wenn es sich wirklich um den äußersten Fall handelt, keine allgemeinen Normen beobachten … Es läßt sich nur sagen, daß der Diktator eben alles tun darf, was nach Lage der Sache erforderlich ist. Hier wird nicht mehr nach rechtlichen Rücksichten gefragt, sondern nur nach dem im konkreten Fall geeigneten Mittel zu einem konkreten Erfolg … es herrscht ausschließlich der Zweck, von allen Hemmungen des Rechts befreit und nur durch die Notwendigkeit bestimmt, einen konkreten Zustand herbeizuführen …«. Es ist ein Bild hemmungsloser Willkür, das SCHMITT hier zeichnet.

d. Wer so handeln kann, ist nach SCHMITTS Definition Souverän. Die Frage entscheidet sich für ihn erst in zweiter Linie danach, ob er darüber entscheiden *darf* – alle formellrechtlichen Kompetenzzuweisungen sind ihm juristisch zweitrangig – wesentlich ist allein, ob er darüber entscheiden *kann*. Von sich aus entscheidet der Souverän, ob der extreme Notfall vorliegt, wie auch darüber, was geschehen soll, um ihn zu beseitigen. Er stehe außerhalb der normal geltenden Rechtsordnung, gehöre aber doch zu ihr, da es zu seiner Zuständigkeit gehöre, darüber zu entscheiden, ob die Verfassung in toto oder nur zum Teil suspendiert werden könne[120]. Das aber gerade verlangt für ihn ein richtiger Ausnahmezustand. »Suspendieren der gesamten bestehenden Ordnung«[121]. In jeder Verfassung müsse es eine Instanz geben, die solche Souveränitätsakte vornehmen könne, die von der verfassungsmäßigen Befugnis, Gesetze zu geben, streng zu unterscheiden sei[122].

---

[118] *Legalität und Legitimität,* S. 13.
[119] *Diktatur,* S. 11 ff.
[120] *Politische Theologie,* S. 10.
[121] Ebd. S. 13.
[122] Jw. 55, 2272.

e. Soweit im wesentlichen die Lehre SCHMITTS. Ihre positive Bedeutung liegt sicher darin, daß SCHMITT daran erinnert hat, daß auch die staatliche Ordnung Ausnahmesituationen kennt, die nicht mit den gewöhnlichen rechtsstaatlichen Mitteln gemeistert werden können. Daß in Fällen äußerster Not das geltende Recht vor den Notwendigkeiten der Erhaltung der staatlichen Einheit zurücktreten kann, wird man zugeben müssen. Doch ist sowohl die zentrale juristische Bedeutung, die SCHMITT dem Ausnahmezustand zuschreibt[123], wie auch seine Verbindung mit dem Souveränitätsbegriff anfechtbar.

Denn mag sich im Ausnahmezustand auch die Substanz und Lebenskraft eines Staates zeigen, so erweist er doch zugleich auch die Schwäche seines Rechts. Es ist juristisch nicht überzeugend, wenn CARL SCHMITT den Begriff der Rechts-Ordnung in zwei juristisch gleichwertige Teile zerlegt, von denen nur der »normativistische« im Ausnahmezustand zurücktrete[124]. Das Recht als ganzes tritt in ihm zurück und übrig bleiben tatsächliche Kräfte, die den Staat zusammenhalten. So hat die französische und englische Lehre das Notrecht als nichtjuristische, politische Lehre bezeichnet. Die Herrschaft des Rechts (*reign of law, règne de la loi*) soll nach jenen westeuropäischen Lehren auch in Krisenzeiten bestehen und jedes Abweichen von der Verfassung bedeute einen Verfassungsbruch. Souveränitätsakte sind und bleiben hier verfassungswidrig, sie werden durch ein Indemnitätsgesetz auch nicht juristisch geheilt, sondern nur politisch entschuldigt[125]. SCHMITT kehrt jedes wirklichkeits- und rechtsgemäße Staats- und Rechtsdenken um, wenn für ihn die Ausnahme auch juristisch interessanter wird als das »rationalistische Schema« des Normalfalls[126].

Auch die begriffliche Verbindung von Souveränität und Ausnahmezustand, die SCHMITT auch geschichtlich zu begründen sucht, ist abzulehnen. Er beruft sich dabei u.a. auch auf BODIN[127]. SCHMITT zitiert selbst an einem anderen Ort[128] ausführlich eine Stelle, wo BODIN nur der *perpetua potestas* Souveränität zuschreibt und sie jenen Diktatoren, die SCHMITT als Souverän im Sinne hat, mit Nachdruck und vielen Beispielen abspricht. Die *perpetua potestas* liegt aber im modernen Staat beim Verfassungsgesetzgeber oder dem von ihm eingesetz-

123 Dagegen vor allem THOMA, in: *Nipperdeys Grundrechtskommentar I,* S. 41.

124 *Verfassungslehre,* S. 10; *Politische Theologie,* S. 13.

125 Vgl. KÄGI, aaO. S. 118.

126 *Politische Theologie,* S. 14 f.

127 *Politische Theologie,* S. 10 f.

128 *Diktatur,* S. 66.

ten und getragenen Gesetzgeber und es entspricht weder dem Recht noch der Wirklichkeit, daneben eine Instanz zu fordern, die als Kriterium ihrer Souveränität über die Ausnahme entscheiden soll (wie es SCHMITT für jede Verfassung fordert)[129]. Vielmehr entscheidet – und ist damit souverän – über die Ausnahme, wer auch über den verfassungsmäßigen Normalzustand entscheidet[130]. Man müßte sonst zwei voneinander unabhängige Willenseinheiten annehmen, von denen die eine über die Ausnahme und die andere über den Normalzustand entscheidet. Damit hatte man zwei Souveräne im gleichen Staat[131].

SCHMITT hat in den ersten Jahren der Weimarer Republik denn auch gar nicht zu sagen gewußt, wer nach der Weimarer Verfassung Souverän sein sollte. Ein »fingierter höherer Dritter«, der »Staat« oder ein Gesetzgeber konnte es nicht sein, nur eine reale Person mit realer Macht kam dafür in Frage[132]. Weitgehende Interpretation des Artikels 48 der Weimarer Verfassung ermöglichte es ihm seit 1929[133], den Reichspräsidenten in einer Rolle zu sehen, die der eines Diktators nach seinem Sinne etwa entsprach. Er nannte ihn »Aktionskommissar«, da die Verantwortlichkeit gegenüber dem Reichstag aus Artikel 50 V nicht herauszuinterpretieren war. Er hatte sich sonst auch mit seiner früheren Unterscheidung der magistratischen und souveränen Diktatur in Widerspruch gesetzt[134].

Daß seine Lehre für das Völkerrecht abwegig sein mußte, liegt auf der Hand. Niemand wird einem Diktator Völkerrechtssubjektivität zuschreiben wollen, und niemand wird deshalb mit ihm völkerrecht-

---

[129] JW 55, 2272.

[130] HELLER, *Souveränität*, S. 66 ff. und 104; STIER-SOMLO, aaO. S. 62 und HAUG, S. 74.

[131] Eine Konsequenz, die Schmitt anscheinend in dem Sinne nicht scheut, als er auch das deutsche Volk als souverän bezeichnet: *Verfassungslehre*, S. 105; *Legalität*, S. 63, 66. Doch ist die Frage nach der Souveränität für ihn immer die nach der »letzten existenziellen Entscheidung« (*Verfassungslehre*, S. 372).

[132] Vgl. aber letzte Anmerkung. Ich folge hierin der Interpretation HELLERS, *Souveränität*, S. 68 ff.

Seit der Verfassungslehre aus dem Jahre 1928 mag es SCHMITT nähergelegen haben, das Volk als Träger des *pouvoir constituant* als souverän zu bezeichnen. Aber auch dieser Souverän würde ganz im Existentiellen bleiben, da er nur für die politischen Grundentscheidungen zuständig, zur Zeit stabiler Verfassungsverhältnisse aber rechtlich nichts sein soll. Vgl. HAUG, S. 157 ff.

[133] *Der Hüter der Verfassung*, 1931. Zuerst im *Archiv des öffentlichen Rechts*, NF 16, 1929, S. 161 ff.

[134] *Diktatur*, S. 36 f.

liche Verträge abschließen, weil er über den Ausnahmezustand entscheiden darf. Carl Schmitt hat – soweit ich sehe – von seiner Lehre für das Völkerrecht denn auch keinen Gebrauch gemacht. Von der Aufgabe einer materialen politisch-theoretischen Auffassung der Souveränität her wird man das hinter jedem Satze Schmitts stehende Menschenbild besonders ablehnen müssen. Wo die Menschen nichts anderes sind als »mit Intelligenz begabte Wölfe«[135], ist es nur sinnvoll, ihnen den größten und intelligentesten Wolf oder irgendeinen souveränen Leviathan zum Herren zu geben. Denn so ist der Staat wenigstens ein mit großer Macht fortwährend verhinderter Bürgerkrieg, während bei Schwächung seiner Macht das andere Ungeheuer Behemoth, die Revolution sein Haupt erheben würde. Bei solcher Vorstellung vom Menschen muß immer Ausnahmezustand herrschen, denn jederzeit könnten sie übereinander herfallen. Der Souverän kann dann »zweckmäßigerweise« nur ein mit brutaler Gewalt gebietender Despot sein, dem man dankbar sein muß, wenn er vor den vielen anderen bewahrt, indem er allen machtvoll »entscheidet«.

Eine Souveränitätslehre, für die nach Carl Schmitt die Verbindung von faktischer *und* rechtlicher Macht das Grundanliegen sein sollte, ließe sich darauf nicht gründen[136].

Anhang

Es soll abschließend hier wenigstens noch der allgemeine geschichtliche Zusammenhang angedeutet werden, in dem, über ihre Bedeutung für die Souveränitätslehre hinaus, Carl Schmitts Theorie als ganz besonders verdichtete Repräsentation zu einem bestimmten Zug einer Psychologie des deutschen Staatsgedankens[137] steht.

Carl Schmitt hat jedem seiner Bücher eine Versicherung seiner Nüchternheit, Objektivität, Illusionslosigkeit, bloß diagnostischen

---

135 Mit dieser Auffassung des Menschen sei Hobbes' Staatskonstruktion heute noch modern: *Leviathan*, S. 57.

136 Die voluntaristischen Grundlagen und damit die antirechtlichen Konsequenzen seines Dezisionsdenkens sind hervorgehoben von Hans Barth, *Fluten und Dämme*, Zürich (1943), S. 261 ff. und Huizinga, *Im Schatten von Morgen*, Bern (1935), S. 97 ff.

137 Ein im Ganzen noch kaum behandeltes Problem. Viel Material bei Rudolf Smend, »Politisches Erlebnis und Staatsdenken seit dem 18. Jahrhundert = Nachrichten der Akademie der Wissenschaften in Göttingen«, *Phil.-Hist. Kl.* (1943), Nr. 13; Ders., *Bürger und Bourgeois im deutschen Staatsrecht*, Berlin (1933).

Absicht, beigegeben[138]. Und ohne Zweifel hat er zur Kritik und Entlarvung so mancher liberaler Fiktionen und harmonisierender Verhüllungen Bedeutendes beigetragen, wie die deutsche romantische und nachromantische Theorie überhaupt in ihrer Polemik gegen die Ideen von 1789. Trotzdem ist gerade seine Wirklichkeitserfassung falsch, wie die Souveränitätstheorie so besonders deutlich zeigt. Sie ist falsch schon in ihrem Ausgangspunkt, dem Bilde des Menschen als einer boshaften, kleinlichen und gefährlichen Kreatur, die nur von einigen über bestimmte Arcana verfügenden Regenten als eine Herde möglichst zu beschränkender Untertanen im Zaume gehalten werden kann. Diesem »Konstruktionsprinzip« entsprechend, zieht sich die Angst vor Bürgerkrieg und Chaos wie ein roter Faden durch seine Gesellschafts-, Staats- und Verfassungsinterpretation. So neutral und abgeschliffen seine Begriffe erscheinen, so subjektiv getrübt ist die vor ihrer Einkapselung im Begriffe liegende Wirklichkeitssicht SCHMITTS, die gekennzeichnet ist durch jene überwache, im Grunde maßlose Aufgeregtheit, die man romantischem Denken seit je nachgesagt hat. Es ist ein Stück der romantischen Tradition, in dem dieses Denken steht.

Ernst TROELTSCH[139] hat die Nachwirkungen der Deutschen Bewegung einmal so skizziert, daß in ihrer Folge das Naturrecht und seine Geschwisterbegriffe nicht wieder auferstanden seien. »Aber aus der individuellen Fülle der Volksgeister wurde die Verachtung der allgemeinen Menschheitsidee, aus der pantheistischen Staatsvergötterung die ideenlose Achtung des Erfolgs und der Gewalt, aus der romantischen Revolution ein sattes Behagen am Gegebenen«. Das deutsche politische Denken sei seitdem von einer seltsamen Zwiespältigkeit, die jedem Draußenstehenden auffalle, »... einerseits erfüllt von den Resten der Romantik und von sublimster Geistigkeit, andererseits realistisch bis zum Zynismus und zur vollen Gleichgültigkeit gegen allen Geist und alle Moral, vor allem aber geneigt, beides merkwürdig zu mischen, die Romantik zu brutalisieren und den Zynismus zu romantisieren«. Die gleiche Zwiespaltigkeit meinte HUGO VON HOFMANNSTHAL in den Briefen des Zurückgekehrten (1901), wo es heißt, »der ganze Mensch müsse sich auf einmal rühren«. Aber »... das sind die heutigen Deutschen nicht ... Ihre Kopfgedanken passen nicht zu

---

[138] Vgl. die auch selbstbiographische Aussage in *Ex Captivitate Salus*, Köln (1950), S. 73 (nicht nur HOBBES ist der Verkannte).

[139] *Deutscher Geist und Westeuropa*, Tübingen (1925), S. 17 f.

ihren Gemütsgedanken, ihre Amtsgedanken nicht zu ihren Wissenschaftsgedanken, ihre Fassade nicht zu ihren Hintertreppen, ihre Geschäfte nicht zu ihrem Temperament, ihre Öffentlichkeit nicht zu ihrem Privatleben ...«.

In einem mit der Romantik anhebenden und seit der Mitte des vorigen Jahrhunderts immer stärker werdenden Zweig des deutschen Staatsdenkens äußert sich diese Zwiespältigkeit in einer seltsamen Disparatheit, die bei nahezu allen Einzelfragen durchbricht, angefangen von der Unverbundenheit zweier Staatsbegriffe, die nichts miteinander zu tun haben sollen: einem »juristischen«, der den Staat als unpersönliche (von uninteressierten Beamten gehandhabte) Gesetzesherrschaft versteht und einem »soziologischen«, der den Staat als Macht, Macht und noch einmal Macht, als reale Persönlichkeit usw. in die Geschichte verweist, »... in der er« – wie es HERMANN HELLER kraß ausdrückt[140] – »unter Verzicht auf jede begriffliche Klarheit als ein mythisches Fabelwesen oder eine Art heldischer Übermensch seine Taten zu vollbringen pflegt«. Die gleiche verlegene Trennung in der politischen Ethik, mit ihrem Auseinanderfallen in Privatmoral und Staatsmoral.

Immer wieder jene »zwei Seiten derselben Sache«, der »inneren Unsicherheit dem Staat gegenüber, die so zwischen Unter- und Überschätzung des Staates schwankt«[141].

Es ist hier nicht der Ort, auf die geschichtlichen Ursachen dieser zwischen Radikalismus und Quietismus hin- und herpendelnden Haltung einzugehen. Man hat aber jüngst wieder auf die besonders heftigen Entwicklungsstöße hingewiesen, die im Deutschland des 19. Jahrhunderts die wirtschaftliche und nationale Entfaltung vorangetrieben haben und eine harmonische Anpassung an die neuen Lebensbedingungen erschwerten[142]. Durch das Vorwiegen konservativer und traditionaler Lebensauffassung in Deutschland wurde die Anpassung an die ganz auf Rationalität und schnelle Veränderung eingestellten großen neuen Realitäten der Zeit (Technik, Wirtschaft, Verkehr, Naturwissenschaft) noch erschwert. Da diese scheinbar so berechenbaren Größen in dialektischer Verkehrung die Situation, in der man stand, immer unberechenbarer gestalteten, war das Ausmaß der

---

140 *Hdwb. der Soziologie,* Stuttgart (1931), S. 610.

141 SMEND, *Verfassung,* S. 3.

142 RENÉ KÖNIG, *Soziologie heute,* Zürich (1949), S. 25.

Fehlanpassung in Deutschland noch unverträglicher, als schon an sich in der ganzen von diesem Prozeß betroffenen Welt[143].

Wenn diese Ableitung richtig ist, so äußert sich die gesellschaftliche Fehlanpassung in der deutschen politischen Wissenschaft als falsche, die Dinge verzerrende Wirklichkeitserfassung. Und dafür eben scheint mir CARL SCHMITT ungewöhnlich repräsentativ zu sein[144]. Allerdings hat die von ihm repräsentierte Linie der deutschen Geschichtsschreibung und politischen Theorie für sich gerade immer wieder in Anspruch genommen, ein dem Westen gegenüber nüchterneres und präziseres Wirklichkeitsverständnis aufweisen zu können. Gegenüber dem Verfangensein im Nebel schöner Ideen, Ideologien und Utopien stoße sie in viel entschiedenerem Ansatz durch zur harten, unerbittlichen Faktizität der gesellschaftlichen und politischen Realitäten. Diese Haltung des »radikalen« Sich-Stellens einer »radikalen« Wirklichkeit gegenüber findet sich im deutschen sozialistischen Schrifttum, angefangen vom jungen Marx mit seiner These von der radikalen Selbstentfremdung des Menschen in der bürgerlichen Gesellschaft, bis zur Entlarvungssoziologie KARL MANNHEIMS[145] genau

---

[143] Wozu die in der politischen Geschichte des deutschen Bürgertums aufgehobenen besonderen traumatischen Erschütterungen der Jahre 1848, 1864, 1919 noch erschwerend hinzutreten. – Die faschistischen Bewegungen als Antwort auf die Unberechenbarkeit der modernen Welt, die den konservativen und traditional gesonnenen Menschen jenem Status der Anomie (der für unsere moderne Welt so kennzeichnend ist) besonders hilflos und verschüchtert aussetzt, hat TALCOTT PARSONS in einem geistvollen Aufsatz zu verstehen gesucht. Vgl. *Social Forces*, Vol. 21 Nr. 2, Dec. (1942), pp. 138 ff.

[144] Aus der allgemeinen politischen Geschichte ist die Selbstbewertung der Lage Deutschlands inmitten Europas vielleicht das markanteste Beispiel dieser aufgeregt-optischen Verzerrung. Denn es war keine »normale« Antwort der seit 1871 größten und volksreichsten Kontinentalmacht auf gewisse zweifellos vorhandene, durch ihre geographische Lage bedingten Bedrängnisse, wenn selbst ein so gemäßigter Historiker wie FRIEDRICH MEINECKE von der »furchtbar gepreßten und oft verzweifelten Lage des deutschen Volkes inmitten Europas« hat sprechen können (*Die Idee der Staatsraison*, München und Berlin [1924], S. 468). Die oftmals aufgegriffene These des englischen Historikers SEELEY, nach der das Maß von Freiheit, das in einem Staat vernünftigerweise stattfinden kann, umgekehrt proportional sei dem militärisch-politischen Druck, der auf seine Grenzen vom Ausland ausgeübt wird, hat nicht nur zum Verständnis, sondern auch zur Apologie des deutschen Obrigkeitsstaates gedient. Bei dieser Sicht unserer Lage war schnell der Schritt getan zur »Zwangsläufigkeit der deutschen Geschichte«, entweder Depressionsgebiet oder Machtstaat zu sein (vgl. dazu HAJO HOLBORN, in: *Der Monat*, 2. Jg. Nr. 17, Februar (1950), S. 531 ff.). »Harte Rücksichtslosigkeit« konnte dann allein die Richtschnur einer »realen«, auf diese Wirklichkeit bezogene Politik sein.

[145] *Ideologie und Utopie*, Bonn (1929).

so prononciert wie im bürgerlich-idealistischen Lager von HEGEL über TREITSCHKE und SPENGLER zu CARL SCHMITT. Man schiebt die »Illusionen« und »heuchlerischen Phrasen« von sich, um entweder die »Total«-Revolution zu fordern oder das jeweilige Sein mit einem »so ist es nun mal« zu akzeptieren.

Beide Male sieht man aber die Wirklichkeit, in der man steht, nicht richtig sondern verkrampft, übersteigert: schwärmerisch oder mit nihilistischer Skepsis.

Für eine rational-gläubige, humane Auffassung ist die menschliche Wirklichkeit demgegenüber gerade dadurch bestimmt, daß der Mensch in dieser Welt Aufgaben zu erfüllen hat und Zielen nachstrebt und nachstreben soll, von denen er zwar weiß, daß er sie sehr oft nicht erreichen wird, die ihm aber auch nicht prinzipiell verschlossen sind. Dieser Auffassung ist der Schwärmer wie der kleingläubige desillusionierte Skeptiker gleich fremd.

3. HERMANN HELLERS Souveränitätslehre

1. In der Einleitung dieser Arbeit wurde die Begrenzung der Souveränitätslehre auf ihre rechtliche Problematik dafür verantwortlich gemacht, daß die überkommene Literatur auf die heutige Infragestellung der Souveränität keine Antwort geben kann. Die Staatstheorie nicht nur als einen Anhang der Staatsrechtslehre aufgefaßt, sondern auch die Trennung von Staatslehre und Politik preisgegeben und die Staatslehre als Teil der politisch-theoretischen Wissenschaften behauptet zu haben, bestimmt die Eigenart des HELLERschen Werks. Von diesem Standpunkt aus hat die Staatslehre für ihn nur dann eine sinnvolle Funktion als Wissenschaft, wenn sie imstande ist, eine richtige und verbindliche Beschreibung, Erklärung und Kritik der politischen Erscheinungen zu geben[146]. Eine große, bedeutende Erweiterung des überkommenen Problembestandes der Staatslehre verstand sich damit für ihn von selbst[147].

Man erwartet das gleiche für seine Theorie der Souveränität und sicher ist sie die bedeutendste Darstellung des Problems in neuerer Zeit[148]. Mit HELLERS Souveränitätsbuch beginnt eine neue Tradition der Souveränitätslehre, die über DIETRICH SCHINDLER zur jüngsten

---

146 *Staatslehre,* S. 4.

147 Ebd. S. 25.

148 *Die Souveränität,* Berlin (1928).

Darstellung des Problems durch HANS HAUG weiterführt. Das Resultat der Arbeit HELLERS bildet die These: »Souveränität ist die Eigenschaft einer universalen Gebietsentscheidungs- und Wirkungseinheit, kraft welcher sie um des Rechtes willen sich gegebenenfalls auch gegen das Recht absolut durchsetzt«[149]. Der Gang seiner Untersuchungen ist dabei folgender: Nach einer einleitenden Darstellung der Krise des Souveränitätsbegriffes, dargetan an der formalistischen Entleerung der herrschenden Lehre und an Hand einer Auseinandersetzung mit den den Begriff leugnenden Theorien, folgt eine Untersuchung über die Besonderheit der staatlichen gegenüber anderen Herrschaftsordnungen. Der Erörterung des Verhältnisses von Souveränität des Staates und Positivität des Rechts folgt die im Mittelpunkt stehende Abhandlung über das Subjekt der Souveränität und eine Bestimmung der Souveränität als wesensbestimmenden Merkmal des Staates. Daran schließen sich längere völkerrechtliche Darlegungen, ein Kapitel über die juristischen Schranken und den absoluten Charakter der Souveränität. Den Schluß bildet eine knappe politisch-ethische Wertung des Problems.

Den Schlüssel zum Verständnis seiner Lehre finden wir vielleicht am einfachsten in HELLERS Bestimmung der gesellschaftlichen Funktion des Staates[150]. Verbirgt sich doch für HELLER hinter der Frage nach dem objektiven Funktionssinn des Staates – seinem »Zweck« – die fundamentalste Frage der Staatslehre[151].

Diese Funktion besteht für ihn in der selbständigen Organisation und Aktivierung des gebietsgesellschaftlichen Zusammenwirkens, das in den geschichtlichen Notwendigkeiten eines gemeinsamen Miteinanderauskommens aller Interessengegensätze auf einem sie alle umgreifenden Gebiet begründet ist[152]. Allein die Feststellung dieser »immanenten Sinnfunktion – nicht sein Zwangsmonopol oder seine »Gewaltsamkeit« – ermögliche es, die spezifisch staatliche Macht von der anderer Gemeinschaften zu unterscheiden. Entgegen allen Lehren, die den Staat als Willensausdruck einer solidarischen Interessengemeinschaft auffassen, geht HELLER von der notwendig antagonistischen Struktur der modernen Gesellschaft aus. Damit hat für ihn die alles andere vorentscheidende Fragestellung zu lauten, wie der Staat

---

149 *Souveränität*, S. 161, Die weiteren Seitenzahlen im Text = *Souveränität*.
150 Vgl. NIEMEYER, *Vorwort zu Hellers Staatslehre*, S. XIII.
151 *Staatslehre*, S. 200 f.
152 *Staatslehre*, S. 203.

trotzdem als objektive und wirkliche, in der gesellschaftlich-geschichtlichen Welt tätige *Einheit* begriffen werden kann. Wenn wir das können, so ist es nach HELLER das Ergebnis der Organisation jener »Einheit in der Vielheit« durch Staat und Recht. Die auf Vereinheitlichung hinzielenden Integrationsfaktoren SMENDS[153] spielen dabei für ihn nur eine untergeordnete Rolle, so sehr sie auch Voraussetzung jedes einigenden Zusammenschlusses seien[154]. Wichtig ist ihm die planende, vereinheitlichende und die Einheit sichernde Funktion der staatlichen Organe (89) und die von den Organen der staatlichen Organisation gesetzte und gesicherte Rechtsordnung[155]. Nur könne die Rechtsordnung die Einheit nicht aus sich heraus bewirken. Ihre Abhängigkeit von einer individuellen Autorität ist für ihn vielmehr das grundlegende normwissenschaftliche, mit der Souveränität des Staates verknüpfte Problem.

Denn mit großer Wahrscheinlichkeit wird von ihm jede Vorstellung einer natürlichen Ordnung, eines prästabilisierten universalen *ordre naturel* als utopisch und die freie menschliche Entscheidung leugnend, abgelehnt. Das Naturrecht habe einen solchen *ordre naturel* behauptet, der in der Natur der menschlichen Lebensverhältnisse angelegt und von menschlicher Willkür völlig unabhängig sei. Trotzdem sei sich auch das Aufklärungsnaturrecht dessen bewußt gewesen, daß die gesellschaftsimmanente natürliche Ordnung in der geschichtlichen Wirklichkeit individueller Autoritäten nicht entraten könne. Als Problem der praktischen Politik habe sich damit die Frage ergeben, wie der souveräne individuelle Herrscherwille der Willkür entzogen werde, wie auch über ihm eine Rechtsnorm stehen könne. ROUSSEAU habe eine Lösung in der *volonté générale* gefunden, im Volk als Willenseinheit, das Träger der im Recht dauernd neu zu realisierenden Gemeinschaftswerte sei. Für den klassischen Rechtsstaatsgedanken seinen Gewaltenteilung, Demokratisierung, Korporations- und Organlehre denn auch nur Formen, um diesen Willen der staatlichen Herrschaftsträger als von jeder Subjektivität gereinigt, als von aller individuellen Willkür unabhängige objektive Norm in Gesetz vorstellbar zu machen (18 f.).

Im Zuge der gleichen Entwicklung, die im ersten Abschnitt dieser Arbeit zu schildern war, habe in Deutschland seit der Mitte des vori-

---

153 *Verfassung,* passim.
154 *Staatslehre,* S. 88 f., 234 f.
155 *Staatslehre,* S. 188, 194.

gen Jahrhunderts der materielle Rechtsstaatsgedanke seine verpflichtende Kraft eingebüßt, um bei KELSEN und KRABBE wieder in die Vorstellung einer von Menschen nicht vermittelten Herrschaft des Rechtsgesetzes auszumünden.

In der Identifizierung von Staats- und Rechtsordnung durch KELSEN liegt für HELLER die radikalste Leugnung des Problems Norm und Individualität, die völlige »Entpersönlichung des rechtlichen Weltbildes« (21), womit aber auch das Verständnis des Souveränitätsproblems grundsätzlich ausgeschlossen sei (52). Auch ethisch ist solch säkularisierter *ordre naturel* für HELLER höchst fragwürdig, laufe seine Postulierung doch darauf hinaus, dem Menschen die sittliche und rechtliche Entscheidungsverantwortung und damit das Schuldbewußtsein abzunehmen (177). Für ihn ist der Mensch immer in das Entweder-Oder einer Entscheidung gestellt, er hat zu wählen und zu verantworten. Und so beruht auch das Recht für ihn auf einer willentlichen Entscheidung, ist seine Anerkennung vom menschlichen Willen abhängig und seine Positivierung wie Neugestaltung nicht ohne eine objektive staatliche Willenseinheit denkbar.

Aber die Anerkennung eines das Recht verwirklichenden Willens hat für HELLER nichts mit dem normlosen Dezisionismus SCHMITTS zu tun. Wenn HELLER den formalistischen Gesetzesrationalismus auch grundsätzlich ablehnt und darin mit SCHMITT ganz einig ist, so ist für ihn doch jede staatliche Willensentscheidung notwendig, immer auch eine normative Entscheidung. Wie für HAENEL ist ihm das Recht das der menschlichen Gesellschaft in allen ihren Organisationsformen notwendige Ordnungsprinzip. Er bezeichnet das Verhältnis von Staat und Recht als dialektisches, beide sind notwendig aufeinander bezogen, gar nicht auseinander zu denken, – ohne daß sie damit aber zusammenfallen würden. Fasse man sie nicht als aufeinander korrelativ bezogen auf, so zerfalle die gesellschaftliche Wirklichkeit in zwei unverbundene Stücke: Hier Natur und das »ordnungslose Gewühl sinnfremder Naturkräfte«, dort der »Geist« und die reinen »idealen Sinngebilde und normativen Sollensordnungen«[156]. Damit aber sei ein Verständnis der menschlich-gesellschaftlichen Sinnverwirklichungen prinzipiell ausgeschlossen.

Zur näheren Begründung seiner Auffassung des von einer Willensentscheidung abhängigen Rechts, bedient sich HELLER einer Unterscheidung von Rechtssätzen und Rechtsgrundsätzen. Positiv »gelten-

[156] *Staatslehre*, S. 188

des« Recht sind für ihn nur die von einer entscheidenden Willenseinheit individualisierten Rechtssätze. Ihnen allein komme Bestimmtheit, Existenz, Geltung und Wirklichkeit zu (49). Rechtsgrundsätze dagegen verpflichteten nur sittlich, nicht rechtlich. In ihnen seien die ethischen Konstitutionsprinzipien des Rechts aufgehoben, die man trotz ihrer raumzeitlich-kulturkreisgebundenen Relativität dennoch anerkennen müsse. »Rechtsgewißheit« sei das Kriterium der Unterscheidung von Rechtssätzen und Rechtsgrundsätzen (48 f.). Wie für das positive Recht Individualisation und Bestimmtheit charakteristisch seien, so für die Rechtsgrundsätze der Mangel dieser Eigenschaften. Voraussetzung solcher Bestimmtheit des Rechts aber sei eine konkret individuelle Entscheidungseinheit. Somit gründet sich für ihn die Positivität des Rechts einerseits in der Idealität von Rechtsgrundsätzen, ohne die die sittliche Verpflichtungskraft des positiven Rechts nicht zu verstehen sei, andererseits in der gesellschaftlichen Faktizität einer letztlich entscheidenden Willenseinheit, welche den Rechtssatz positiviert und ihn damit aus dem Kreis der nur durch die Rechtsgrundsätze beschränkten, nichts desto weniger unzähligen Rechtsmöglichkeiten in das Reich der einzigartigen Rechtswirklichkeit überführe (51). Wie eine solche entscheidende Willenseinheit im modernen Staat zu denken ist, mit anderen Worten die Frage nach dem Subjekt der Souveränität, wird ihm somit zu einem Grundproblem des Rechts.

Bevor wir darauf eingehen, haben wir uns einer anderen Frage zuzuwenden, die für HELLERS Auffassung vom Wesen der Souveränität bestimmend ist: dem Verhältnis von Herrschaft und Ordnung. Denn ist die Verpflichtung durch Rechtsgrundsätze gewissermaßen der ethische Überbau des Souveränitätsproblems für ihn, so sei im Verhältnis von Herrschaft und Ordnung die soziologische Grundlage des Problems zu suchen.

Im Anschluß an MAX WEBER[157] bestimmte HELLER den Begriff der Ordnung als »Berechenbarkeit« (36). Berechenbarkeit in irgendeinem Grade sei Voraussetzung aller menschlichen Kultur, da menschliches Zusammenleben immer nur geordnetes Zusammenleben sein könne. In idealtypischer Begriffsbildung unterscheidet HELLER unter den bewußt gesetzten Ordnungen zwischen Herrschafts- und Vertragsordnungen (37 ff.). Für eine Herrschaftsordnung sei charakteristisch das Dasein eines »Herren«, d.h. einer dauernden universalen

---

[157] *Wirtschaft und Gesellschaft*, S. 1 ff.

und wirksamen Entscheidungseinheit. Die Vertragsordnung wiederum ist ihm durch das Fehlen einer solchen Entscheidungseinheit bestimmt. »Befehl« und »Versprechen« seien die ihnen jeweils zugeordneten typischen Kategorien. Gewiß würde ein Hinweis auf alle jene nicht bewußt gesetzten gesellschaftlichen Ordnungen stets notwendig sein, sie brächten es oft zuwege, daß reine Vertragsordnungen genauer eingehalten würden als Herrschaftsordnungen. Prinzipiell aber sei eine Herrschaftsordnung in viel höherem Grade »Ordnung« als eine Vertragsordnung, da in ihr auf die Regelmäßigkeit des Handelns in weit höherem Maße gerechnet werden könne als in einer Vertragsordnung (43). Dabei gehört der Staat für ihn durchaus zum Typ der Herrschaftsordnung.

Die Entschiedenheit des Befehls sei absolutes Begriffselement einer Herrschaftsordnung (37), und so heißt Herrschen für ihn: »bestimmt befehlen, bindend entscheiden« (38). Doch ist dies nur eine Seite seines Herrschaftsbegriffes. Denn Herrschen heiße auch Gehorsam finden. »*Oboedientia facit imperantem*« (Spinoza). Gehorsam finden, und zwar ohne Rücksicht darauf, ob der Gehorchende den Befehlen innerlich zustimmt oder nicht. So bleibt Herrschaft für ihn eine Relation zwischen zwei Willen, Motivation des einen durch den anderen (35).

Souverän nennt Heller nun jede Entscheidungseinheit, die keiner anderen wirksamen universalen Entscheidungseinheit untergeordnet ist (43). Aus dem bisherigen ergibt sich, daß Heller ein Souveränitätssubjekt fordern muß, das unter allen Umständen willentlich wertender Entscheidungen fähig ist (59). »Reales Willenssubjekt« müsse es sein. Wenn die herrschende Lehre einmütig den Staat als Subjekt der Souveränität behaupte, so könne er nicht als solches gelten, solange er nicht mit objektiver Notwendigkeit als einheitliche Willensrealität, als Entscheidungseinheit gedacht würde. Ihn so aufzufassen, gelinge der herrschenden Lehre auf der Basis ihrer naturwissenschaftlichen Erkenntnistheorie aber keineswegs (59). An Hand reicher literarischer Nachweise zeigt Heller, wie die überwiegende Mehrzahl der zeitgenössischen Staatstheorien dem Staat, abgesehen von seinen Organen, keine Wirklichkeit zuschreiben könnten, sondern ihn entweder als Fiktion oder denkökonomische Abstraktion auffaßten (59 ff.)[158]. Die Souveränität einer Fiktion oder eines Abstraktums aber sei unvorstellbar (62).

[158] Insbesondere auch *Staatslehre,* S. 228.

HELLER gelingt es, den staatlichen Willen als eine in der Gesellschaftlichen Wirklichkeit tätige Einheit verständlich zu machen. Dem Staat kommt gesellschaftliche Wirklichkeit zu! Eine Vorstellung, die, so selbstverständlich sie erscheint, von den erkenntnistheoretischen Voraussetzungen der alten Staatslehre aus unvollziehbar bleiben mußte. HELLER nimmt den Staat der Volkssouveränität (Artikel 1 II WRV.: »Die Staatsgewalt geht vom Volke aus«) als gegeben hin. Gegenüber dem Schweigen der Staatsrechtslehre betont HELLER, der ganze erste Hauptteil der Weimarer Verfassung, insbesondere die Stellung des Reichspräsidenten, der Reichsregierung und des Reichstags usw. seien aus Artikel 1 II WRV als magistratische Repräsentation (im Gegensatz zur juristisch ungebundenen autokratischen, souveränen Repräsentation) zu erklären[159]. Will man mit ihm die Vergemeinschaftung der individuellen Willen »zur Wirkungseinheit eines Gemeinwillens« verstehen, so komme man nicht aus ohne die Vorstellung einer *volonté générale.* Majoritätsprinzip und Repräsentation seien die technischen Mittel der Willensvereinheitlichung, durch die das Volk als Einheit über das Volk als Vielheit herrschen und damit als Subjekt der Souveränität erkannt werden könne[160]. In der modernen Demokratie habe die juristische Abhängigkeit der Repräsentanten und Organe vom Willen des Volkes einen so hohen Grad erreicht, daß man juristisch gezwungen sei, von einer Herrschaft des Volkes als Einheit über das Volk als Vielheit zu sprechen (75 f.). Damit sei jede Art von Organsouveränität ausgeschlossen, Staats- und Volkssouveränität identifiziert (76)[161].

Wenn die alte Staatslehre den im Gesetz verkörperten Gemeinwillen nur als Produkt der Rechtsordnung verstehen konnte, so entgegnet HELLER, daß der Staatswille immer nur als eine durch die Gesamtheit der natürlichen und gesellschaftlichen Ordnungen und zuletzt durch staatliche Organe individualisierte, wirksame Entscheidungseinheit verstanden werden kann (83). Die repräsentativen Instanzen repräsentierten in sich die zur Einheit eines Willens verbundenen

[159] Das ganze System von Abhängigkeit wie Wahl, Gegenzeichnung, Parlamentarismus, Referendum, Initiative usw. habe den juristischen Sinn, das Ausgehen der Staatsgewalt vom Volke juristisch zu garantieren. Vgl. auch *Staatslehre,* S. 247 f.

[160] Als »Subjekt« der Souveränität wird in der Staatslehre, S. 224 f., nur die Staatsorganisation als ganzes, im Gegensatz zu allen anderen Gewalten auf dem Staatsgebiet bezeichnet. Denn sie setze die höchsten Rechtsnormen und sei allen anderen Gewalten überlegen. Als »Träger« der Souveränität bezeichnet er dort jenen Teil der Organisation, dem die Staatsgewalt zugerechnet wird und der über Sein und Form der Organisation entscheidet. Vgl. auch *Staatslehre,* S. 285.

[161] Wohl anders gedacht nach den Stichworten Staatslehre, S. 286, 246.

Werte und Kräfte einer Gemeinschaft. Es wäre sonst auch unverständlich, warum man den Befehlen der Repräsentanten regelmäßig gehorche und darum sich auch die Minderheit in der Regel dazu bereit finde, sich dem durch die Mehrheit bestellten Repräsentanten zu fügen. Nur die Annahme einer realpräsenten und repräsentierten *volonté générale* ermögliche auch, die Einheit eines Rechtssystems in wirklichkeitsgemäßer Weise zu verstehen. Die Rechtsordnung als »logische« Ganzheit und Einheit zu verstehen, sei von Grund auf falsch (89). Sie sei eine teleologische, historisch-soziologische, auf der Einheit eines wertenden Willens beruhende Einheit. Nur durch die Immanenz des Staatswillens in jeder einzelnen Norm entstehe die Individualität und Einheit des ganzen Normensystems (95). Aus der Fähigkeit des staatlichen Gemeinwillens, unabhängig von jeder anderen Entscheidungseinheit höchste, die Gemeinschaft bindende Rechtssätze zu positivieren, ergebe sich aber seine Souveränität und zugleich die Einzigartigkeit jeder historischen Rechtsordnung.

Wenn Heller den souveränen Gemeinwillen als absolut unabhängig von jeder anderen Willenseinheit bezeichnet, so ist das zunächst nur eine negative Bestimmung, die über die traditionellen Schuldefinitionen nicht hinausführt. Positiv sucht es Heller so auszudrücken, »daß die betreffende Willenseinheit höchste *universale* Entscheidungseinheit« in einer bestimmten Herrschaftsordnung sei (97). Damit will er sagen, daß der Staat allein – innerhalb von Rechtsgrundsätzen – über die Grenzen seiner Tätigkeit entscheide (166). Wir erinnern hier daran, wie Heller die dem Staat eigentümliche gesellschaftliche Funktion bestimmte. Er solle das Zusammenwirken aller gesellschaftlichen Akte auf einem bestimmten Gebiete in letzter Instanz sichern (101). Dazu müsse ihm eine universale Entscheidungskompetenz zukommen, die allerdings nur eine potentielle, nicht eine aktuelle sei. In der Möglichkeit aber, jede die Einheit des gebietsgesellschaftlichen Zusammenwirkens betreffende Frage gegebenenfalls auch gegen das positive Recht endgültig und wirksam entscheiden zu können, sei das Wesen der Souveränität zu suchen (102). Damit will Heller nicht eine »Allmacht« des Staates postulieren. Das gesellschaftliche Zusammenwirken berühre durchaus nicht alle Fragen des menschlichen Daseins. Doch die Entscheidung darüber, ob sie sie berühren, liegt für Heller allerdings beim staatlichen Gemeinwillen. Was Heller meint, verdeutlicht vielleicht am besten ein Wort Haenels[162].

---

[162] *Staatsrecht I*, S. 11.

Haenel sagt, der Staat erkenne sich »den Beruf zu, in freier Würdigung der Notwendigkeit und Nützlichkeit der gesellschaftlich wirksamen Kräfte, ihrer Zwecke, ihrer Verfahrensweisen, ihrer natürlichen und historischen Verhältnisse, das Recht zuzumessen und abzumessen«. Er bestimme »einen Gesamtplan für das Leben der Volksgemeinschaft« und gewisse gemeingültige Regeln, ohne die jede sittliche Lebensführung ausgeschlossen sei. Das gleiche meint Heller, wenn er sagt: »[…] da menschliches Leben nur möglich ist als geordnetes Gemeinschaftsleben, dient der Staat sowohl der physischen wie metaphysischen Selbsterhaltung« (102).

Damit ist auch gesagt, daß für Heller der Kern der Souveränitätsbefugnisse im Gesetzgebungsrecht liegt, in der Positivierung und Sicherung oberster Rechtssätze. Denn sie allein geben die Möglichkeit zu planender Gestaltung, nicht nur situationsbedingten Eingriffen. Aber immer bleibe Rechtsetzung ein Akt willentlicher Entscheidung für das Recht, der aus keiner positiven Norm abzuleiten sei. Das Recht bleibe auch als gesetztes »getragen und vernichtbar von menschlichen Willensakten, die sinnhaft auf Rechtswirkungen gerichtet sind« (81). Möge jene das Recht durch ihre Entscheidungen in Geltung setzende und erhaltende Willenseinheit auch ihrerseits durch Rechtsgrundsätze gebunden sein, den Rechtssätzen gegenüber sei und bleibe sie das Bedingende (120). So könne sie auch, das größere gegen das geringere Interesse abwägend, gegen das Recht für das Recht entscheiden (103).

Heller erkennt an, daß das positive Recht mit den Rechtsgrundsätzen in Konflikt geraten könne. Niemals würde in einem Staatsvolk volle Übereinstimmung herrschen über den Inhalt und die Anwendung der geltenden Rechtsgrundsätze. Pflichtenkonflikte seien unaufhebbar. Alle Rechtsverwirklichung durch einen souveränen Willen bleibt für ihn auch der Dämonie der Macht verhaftet[163]. Die Bejahung eines *sittlichen* Widerstandsrechtes ist ihm angesichts der legalen Allmacht des modernen Staates eine vom Rechtsgewissen unabdingbar erhobene Forderung. Die Legalisierung eines Widerstandsrechtes allerdings würde nichts anderes bedeuten, als die Legalisierung der Anarchie[164].

Mit dem Vorstehenden werden die entscheidenden Punkte der Lehre Hellers zur Souveränität dargestellt sein. Kein Zweifel, daß

---

[163] *Staatslehre,* S. 227.

[164] Ebd. S. 226 f.

HELLER mit dieser Lehre dem Souveränitätsbegriff wieder einen sinnvollen Platz im System des Staatsrechts eingeräumt, die normologischen wie die normlosen Auffassungen KELSENS und SCHMITTS zurück- und Existenz und Notwendigkeit einer souveränen Willenseinheit nachgewiesen hat. Nach der formalistischen Auflösung des Begriffes in der herrschenden Lehre ermöglicht seine Theorie den Begriff einer neuen Tradition der wissenschaftlichen Erkenntnis des Souveränitätsproblems.

Fragen wir noch, nach welchen Gesichtspunkten HELLER die weiten Kompetenzen des Staates rechtfertigt. Nur durch Beziehung der Staatsfunktion auf die Rechtsfunktion sei die Sanktion des Staates möglich. Unmißverständlich sagt er: »Die Staatsinstitution ist sanktioniert als Rechtssicherungsorganisation und nur als solche«[165]. Souveränität müsse dem Staat zukommen und wird gerechtfertigt – soweit er sich an Rechtsgrundsätze hält –, weil nur so die Einheit und Sicherheit der Rechtsverwirklichung gewährleistet sei. Mit dieser Bestimmung der Rechtfertigung der staatlichen Souveränität hat HELLER die Grenzen seiner Staats- und Souveränitätslehre dort gezogen, wo sie bei einer *Rechtstheorie* der Staatsgewaltssouveränität gezogen werden konnten, ohne daß damit allerdings ein wirklich entscheidender Schritt zu einer materialen Theorie getan worden wäre[166].

Wenn im folgenden eine Auseinandersetzung mit der Lehre HELLERS versucht werden soll, so bleibt zu vergegenwärtigen, daß auch für HELLER, wie für alle vorhergehenden, die Souveränität ausschließlich als Problem der Staatsgewalt im Verhältnis zu anderen Gewalten und zum Recht gegeben ist[167].

---

[165] *Staatslehre,* S. 223.

[166] Wenn HELLER mit Recht die Relativierung des Staates auf einzelne Bedingungen seiner Einheit zurückweist (*Staatslehre*, S. 139 ff.), insbesondere die Rechtfertigung aus der nationalen Idee ablehnt, so ist mit der von ihm vorgeschlagenen Rechtfertigung des Staates (nicht nur der staatlichen Gewalt) besonders für die von ihm angestrebte politische Theorie aber doch die Frage nur teilweise beantwortet.

[167] Von diesem Ausgangspunkt war ihm eine Erweiterung des Problemkreises in Richtung auf eine Theorie des souveränen Willensverbandes moderner nationalstaatlicher Prägung nicht möglich, obwohl er das Problem der möglichen Übertragung der Souveränität auf höhere Einheiten gesehen hat. So *Sozialismus und Nation*, Berlin (1931), 2. Aufl., S. 100 ff.; auch *Souveränität*, S. 173 (Weltstaat); S. 176 (»Souveräner europäischer Bundesstaat«). Aber welche Probleme »mit der Auflösung der nationalstaatlichen Souveränität« und »ihrer Einordnung in einen umfassenderen souveränen Staat« (176) verbunden sein könnten, wird von ihm nicht als eigenständige Frage gestellt.

Es mag sein, daß er sich auch sonst in mancher Beziehung vom Problemkreis der

Wir erinnern uns, daß HELLER streng zwischen Herrschafts- und Vertragsordnungen unterschied. So fruchtbar diese idealtypische Unterscheidung soziologisch sein mag, so bedenklich erscheint es – auch im Zusammenhang des Souveränitätsbegriffs – den Staat den reinen Herrschaftsordnungen zuzurechnen. Auf bloße Herrschaft wird sich die staatliche Einheit niemals lange gründen lassen. HELLER leugnet denn auch nicht die vielen anderen Momente, von denen die Einheit abhängig ist, letzten Endes bleibt sie für ihn aber doch ein Ergebnis herrschaftlicher Entscheidung. Sein Denken wird von dieser Vorstellung so beherrscht, daß andere Momente dem gegenüber unwesentlich werden[168]. So ist für ihn die »Entscheidung« in der Form des staatlichen Gesetzesbefehls die dem Staatsrecht wesensmäßig zugeordnete juristische Kategorie, während der Völkerrechtsordnung, als reiner Vertragsordnung, der Vertrag allein gemäß sein könne. Man wird dieser Auffassung HELLERS dort nicht zustimmen können, wo er idealtypisch brauchbare Kategorien ohne Differenzierung auf die gesellschaftliche Wirklichkeit überträgt. Sie würden dort im Widerspruch stehen zu einer gerechten, die Willkür in die Schranken weisenden Staats- und Rechtsordnung. Denn alles wahre, geschichtlich beständige Recht beruht auch dort, wo es von einer souveränen Willenseinheit positiviert wird, nicht nur auf einer Entscheidung, sondern auf einer der Entscheidung vorgeordneten Verständigung.

So mag HELLER normwissenschaftlich recht haben, wenn er gegenüber dem Gesetzesrationalismus der Lehre KELSENS den Entscheidungscharakter des auf dem souveränen Staatswillen beruhenden Gesetzes hervorgehoben hat. Das Problem der Macht ist sicher nicht aus dem Souveränitätsproblem zu eliminieren. Aber er berücksichtigt nicht das Zustandekommen eines Gesetzes in der staatlichen Wirklichkeit. Dort aber haben alle Rechtskulturen die sicherste – da der institutionellen Gestaltung unterliegende – Gewähr für die Berechtigtheit des gesetzten Rechts gesucht, mehr als in der kaum überprüf-

---

alten Lehre nicht ganz losgelöst hat. Die Auseinandersetzung mit KELSEN, SCHMITT und der herrschenden Lehre macht einen sehr großen Teil des Buches aus. In der nachgelassenen Staatslehre ist das Kapitel über die Souveränität nicht mehr zur Ausführung gekommen. Nach der Anlage des Werkes und den im Nachlaß vorgefundenen beigefügten Bemerkungen zum Souveränitätsproblem kann angenommen werden, daß HELLER dort auch seine Souveränitätslehre in mancher Beziehung neugefaßt hätte.

[168] In der *Staatslehre* tritt die Betonung der Herrschaftsordnung allgemeine zurück. Vgl. SMEND, *Verfassung*, S. 34 und dazu HELLER, *Staatslehre*, S. 87. Im Widerspruch dazu aber noch aaO. S. 223.

baren Verweisung auf höhere Rechtsgrundsätze[169]. So ist für die Römer *lex* das »Festgelegte«, die Satzung, welche auf der einen Seite in Form gebracht, beantragt, von der anderen Seite angenommen wird. Eine zweiseitige Erklärung wird verlangt, damit die *lex publica* für das Gemeinwesen bindend wird[170]. Im deutschen Recht soll man das Recht gemeinsam »finden«. Das Naturrecht macht voll und ganz den Vertrag, der ja auch typisch eine Verständigung voraussetzt, zur grundlegenden soziologischen Kategorie aller Staatslehre. Für alle Vereinigungen und alle Herrschaft soll *causa efficiens* der *consensus* der Beteiligten sein[171]. Die Stände sollen sich miteinander einigen, wenn sie ein Gesetz zustandebringen wollen. In der neueren Theorie hat vor allem RUDOLF SMEND auf die Verständigung als Grundlage jeder Staats- und Rechtsordnung hingewiesen[172]. DIETRICH SCHINDLER hat daran erinnert, daß auch bei einem Einkammersystem – bei richtig funktionierender Willensbildung – eine Willenseinigung durch einen Beschluß im Hinblick auf ein gemeinsames Ziel zustandekomme[173]. Es ist überhaupt fraglich, in der willentlichen Entscheidung über das gesellschaftliche Zusammenwirken so sehr die Garantie der Einheit des Staates zu sehen, wie HELLER es tut. Daß eine bindende Entscheidung unentbehrlich ist, steht außer Frage[174]. Doch kommt ihr ein geringerer Spielraum zu als HELLER annimmt. Es ist nur eine Frage der Akzentverteilung, aber auch seine Lehre erweckt den Eindruck, als ob es im Staate und bei der souveränen Positivierung von Rechtsgrundsätzen immer um die Entscheidung schroffer Alternativen ginge[175].

---

[169] Zur Grundlegung einer juristischen Theorie der Staatsgewaltssouveränität scheint uns besser als die HELLERsche Unterscheidung von Rechts- und Rechtsgrundsätzen die Unterscheidung des öffentlichen und privaten gesellschaftlichen Bereichs zum Ausgangspunkt zu nehmen zu sein. Gegenstand der Souveränität des Staates ist allein der öffentliche Bereich.

[170] Vgl. SOHM, *Institution des römischen Rechts,* 6. Aufl., S. 29 Anm. 2; MOMMSEN, *Römisches Staatsrecht,* III., S. 303, 309.

[171] Vgl. GIERKE, *Althusius,* S. 21; HUBER, *Gesellschaft und Humanität,* aaO. S. 205.

[172] Angefangen von der Verpflichtung zu »bundesfreundlichem Verhalten« nach dem »ungeschriebenen Verfassungsrecht« des Kaiserreiches (*Festgabe für Otto Mayer,* Tübingen [1916]) bis zur Lehre von der Staatsgerichtsbarkeit als einer Verständigungsmöglichkeit neben anderen.

[173] Nachlaß aaO. S. 168; DERS., *Bildung des Staatswillens,* S. 12 f.

[174] Überscharf auch die Formulierung TH. LITTS, »Das Geistesleben und der Staat«, *Arch.f.öffentl.R. und Sozialphilosophie* 38 (1950), S. 449 ff. (»[...] Der Staat ist nichts anderes als die zur Form gediehene Instanz der letzten Entscheidung, aaO. S. 461).

[175] In *Souveränität,* S. 66, sagt HELLER, daß er bezüglich des Dezisionsproblems CARL SCHMITTS früheren Arbeiten verbunden ist.

Aber wenn auch jeder Gesetzgebungsakt des höchsten Gesetzgebers ein Souveränitätsakt ist, so stellt sich seine *perpetua potestas* eben immer mehr als Lenkung (*gubernatio*) im Hinblick auf ein vorgegebenes Ziel, denn als immer neue Entscheidung dar. Das zu betonen ist heute besonders aufgegeben, da die Demokratie ihrer Probleme nicht Herr werden kann durch dezisionistische Vergewaltigung abweichender Meinungen, sondern nur durch möglichste Hereinnahme aller vorhandenen schöpferischen Kräfte in den Strom der staatlichen Gestaltung.

HELLER unterschätzt vielleicht, um mit HEGEL[176] zu sprechen, »jene Notwendigkeit der Sache, nach welcher die Selbstsucht in den Beitrag zur gegenseitigen Erhaltung und zur Erhaltung des Ganzen umschlägt«. Für ihn gibt es auf dieser Erde immer nur ein Entweder-Oder. Das ist aber fraglich. In den allermeisten Fällen gibt es nur *eine* angemessene Entscheidung, auf die man sich einigen kann und soll. Und gerade dort, wo eine Entweder-Oder-Entscheidung gefordert wird, zeigt sich die rechtsbestärkende Bedeutung des Zwanges zur Verständigung. Es zeugt sicher von nicht geringer Weisheit und von Gerechtigkeitsempfinden, wenn die Griechen auch in der Demokratie die letzten Entscheidungen aus Auspizien, also ganz äußeren Erscheinungen genommen haben. Wenn der moderne Mensch im Gegensatz dazu über das zu Entscheidende sein »Ich will« selbst aussprechen muß[177], so kann die Gefahr der Hybris und der Willkür nur durch den Zwang zum Zusammenwirken gebannt werden. Im 19. Jahrhundert sah man denn auch in der Notwendigkeit des Zusammenwirkens der verschiedenen an der Gesetzgebung beteiligten Organe die sicherste Gewähr für die Verfassungsmäßigkeit der Gesetze[178]. Das gleiche gilt heute hinsichtlich des Zwangs zu Koalitionsbildungen. Rechtsgrundsätze können – ungeachtet ihres heteronomen Charakters – einen souveränen Willen faktisch immer nur da bestimmen, wo er sich freiwillig auf sie festlegt. Ein institutioneller Zwang zur Verständigung bindet. Allerdings wird man HELLER zustimmen müssen, daß das Problem *quis custodiet custodes* gerade im Zeitalter totalitärer Mehrheiten nicht leichter zu lösen ist als die Quadratur des Zirkels (127).

---

[176] *Rechtsphilosophie*, § 278.

[177] HEGEL, *Rechtsphilosophie*, § 279, sah darin ja den größten Unterschied zwischen der alten und modernen Welt.

[178] Vgl. die Auffassung von GNEIST und BLUNTSCHLI, zitiert bei SCHMITT, *Der Hüter der Verfassung*, S. 10, Anm. 5 und S. 77, Anm. 1.

Abzulehnen sind vom heutigen Standpunkt aus HELLERS völkerrechtliche Ausführungen. Sie stehen stark unter dem Eindruck der durch den Versailler Vertrag Deutschland auferlegten Bindungen. Hier mußte sich auch die Trennung von Herrschafts- und Vertragsordnung und ihre Anwendung auf zwei Rechtsordnungen besonders bemerkbar machen. HELLER bleibt hier ganz in der Linie der alten Lehre, für die soziale Abhängigkeit der Nation nichts und ihre juristische Independenz alles bedeutet. So ist die Völkerrechtsordnung für ihn eine von der clausula rebus sic stantibus stets bedrohte Vertragsordnung, in der die souveränen Willenseinheiten über sich nur Rechtsgrundsätze anerkenne, Rechtssätze aber nur insoweit, als sie sich ihnen grundsätzlich unterwerfen (128). Bei solche harten Trennungen muß ihm die Vorstellung eines Koordinationsrechts, das die Staaten von Rechts wegen zur Zusammenarbeit verpflichtet, auch wenn kein Zwangsapparat dahinter steht, verschlossen bleiben.

Fraglich erscheint auch die Bezeichnung seiner Theorie als »materieller« (106 Anm. 1). Er sieht die inhaltliche Bestimmung seines Souveränitätsbegriffs in der Universalität der Entscheidungsbefugnis, die der souveränen Willenseinheit zukommt. Damit ist aber nur – ohne das oben S. 56 gesagte zu relativieren – ein komparativer und quanititativer Maßstab eingeführt, der sicher nicht sehr viel mehr besagt als die Kompetenz-Kompetenz-Theorie der Vorweltkriegszeit. Wenn der Staat mehr darf als alle anderen gesellschaftlichen Verbände, so ist diese Bezeichnung auch nicht materieller als die Bezeichnung der Unbeschränkbarkeit der Staatsgewalt in der alten positivistischen Lehre. JELLINEK hatte nur vom Standpunkt einer formalistischen Rechtslehre aus recht, wenn er die Souveränität als eine positiv-rechtlich rein formale Kategorie bezeichnet. Denn ein materieller Begriff der Souveränität läßt sich sehr wohl von dem her bestimmen, was der souveränen Willenseinheit von geschichts- und verfassungswegen zur Wertverwirklichung aufgegeben ist. Wenn HELLER diese Aufgabe in der positivierenden Verwirklichung von Rechtgrundsätzen sieht, so scheint uns diese Fassung zu vage und zu eng zu sein. Sie bleibt auch formal, da ganz ungeschichtlich. Denn wahrhaft legitimieren können nur konkrete geschichtliche Werte, die einer konkreten geschichtlich-staatlichen Einheit zur Verwirklichung aufgegeben sind. Einen Zugang zu einer echten materialen Theorie versperrt HELLER auch hier seine starre Orientierung am Begriffe des Staates als Herrschaftsordnung, womit zwar die einheitsstiftende Funktion der souveränen Gewalt scharf herausgestellt wird, das Problem ihrer tieferen Legitimation und die Frage nach den Grenzen dieser Gewalt unbeantwortet bleibt[179]. Legitim erscheint uns heute nur eine Staatsgewalt, die bestimmte Lebensbereiche *nicht* in den Kreis ihrer positiven und überpositiven Kompetenz einbezieht, die klar zu verstehen gibt, daß die Absicht einer totalen Erfassung aller Bereiche des menschlichen Lebens ihr von Rechts wegen versagt ist[180].

Unberechtigt erscheint es, wenn KIRCHHEIMER[181] HELLERS Bezeichnung des Volks als Träger der Souveränität in Frage stellt. Dies verbiete die Heterogenität der modernen Gesellschaft. Gewiß ist es richtig, daß die Grundlagen der Nationalsouveränität, so wie sie 1789 proklamiert und zu Anfang des vorigen Jahrhunderts verstanden wurden, dahin sind. Es gibt keine Klasse oder Gruppe im modernen demokratischen Staat, die sich mit der »Nation« in dem Sinne identifizieren könnte, da sie allein »den besseren, denkenden Teil« des Volkes darstelle, der durch »Besitz und Bildung« zum Träger der Souveränität berufen wäre[182]. Aber geht man mit HELLER von der notwendig antagonistischen Struktur der Gesellschaft aus, und stellt man das Problem der Willensvereinheitlichung so in den Mittelpunkt des Problems, wie er es tut, dann ist dieser Vorwurf ohne Berechtigung und es ergibt sich, daß dem Vorwurf KIRCHHEIMERS eine anfechtbare Relativierung des Staates auf eine als gegensatzlos gedachte soziale Einheit zugrundeliegt[183].

---

[179] Auch dem, was HELLER die Sanktion des Staates nennt, wird man nicht zustimmen können, denn der »Sinn« des Staates liegt nicht nur darin, Herrschaftsordnung zu sein. Auch nicht nur darin, Gerechtigkeit zu verbürgen.

[180] Dazu HAUG, »Die Schranken der Verfassungsrevision«, *Zürcher Dissertation* (1947).

Die Gegenüberstellung von seinsbestimmter Legitimität und idealer Rechtfertigung des Staates (vgl. vor allem *Staatslehre*, S. 191, 196, 223 f.) gehört zu den hier nicht weiter zu behandelnden offenen Problemen der HELLERschen Staatslehre. Die Hinnahme der antagonistischen Struktur der kapitalistischen Gesellschaft führt ihn hier in eigentümliche Nähe eines relativistischen Skeptizismus soziologischer Provenienz, der im genauen Gegensatz steht zu der von ihm selbst gesetzten Aufgabe der politischen Wissenschaft, eine »allen« zumutbare Erklärung und Kritik der politischen Realität zu geben. Sein psychologisch-soziologischer Legitimitätsbegriff ist aber der durchaus herrschende. In äußerster Schroffheit von CARL SCHMITT auf den der Existenz zurückgeführt, orientiert sich auch HAUG an diesem rein soziologischen Begriff. Vgl. unten S. 72. Eine wesentlich andere, tiefere Auffassung des Legitimitätsproblems bei SMEND, *Verfassung*, S. 52, 95, 107 ff., 160. »Legitimität ist stets Begründung auf sachlichen Wertgehalt«, aaO. S. 95.

[181] KIRCHHEIMER, *Remarques*, S. 250 f.

[182] So HEINRICH V. GAGERNS bekannte Formulierung.

[183] Vgl. dazu HELLER, *Staatslehre*, S. 164 f.

Sicher liegt in der großen Heterogenität der modernen Gesellschaft eine Infragestellung der Volkssouveränität, und CARL SCHMITTS Lehre vom Pluralismus, vom neutralen Dritten[184] und seine Lehre der Homogenität voraussetzenden Demokratie[185] bekommen von dort aus ihr gewisses, wenigstens polemisches Recht. Es ist aber auch nicht erforderlich, daß eine Souveränitätslehre mit aller sozialwissenschaftlichen Präzision den »*dépositaire véritable*« der Souveränität angibt. Das kann nur dahinführen, evtl. die Regierung – wie dies LASKI[186] tut –, die Parteifunktionäre oder sonst jemanden mit augenfälligem Einfluß als souverän anzusprechen[187]. Die Souveränitätslehre CARL SCHMITTS

---

[184] *Hüter der Verfassung*, S. 132 ff.

[185] Dieser gewiß wesentliche Sachverhalt ist bei ihm aber in selten konstruierender Weise überspitzt. Vgl. zu dieser Behauptung, nach der jede Demokratie auf einer vorausgesetzten durchgehenden, unteilbaren Homogenität des ganzen einheitlichen Volkes beruhe, die Stellen: *Legalität und Legitimität*, S. 31, 43; *Hüter der Verfassung*, S. 60; *Verfassungslehre*, S. 228 f. Worin das Volk einig sein soll, hat SCHMITT, abgesehen von der Unterscheidung zu anderen Völkern, also der nationalen Einheit, nie angeben können. Die eindeutige Formel, mit der er am Ende der Weimarer Politik die »grundlegende Alternative« in der »Anerkennung *substanzhafter* Inhalte und Kräfte des deutschen Volkes oder Beibehaltung und Weiterführung der funktionalistischen Wertneutralität« dieser Republik sah (*Legalität*, S. 98), enthielt dieses Kriterium jedenfalls nicht. Auf die nationale Homogenität läßt sich überdies überhaupt keine Innenpolitik gründen. Doch entspricht dem SCHMITTS Begriff des »Politischen«, der für innerstaatliche Verhältnisse auch gar nicht gelten wollte. Freund-Feind-Verhältnisse, also »Politik« im SCHMITTschen Sinne, sind ja der direkte Widerspruch zu der von ihm geforderten Einheit und Ganzheit des Staates, die nicht als immer wiederherzustellende, sondern als Substanz vorhanden sein sollen. Innenpolitik heißt für dieses Denken, den Staat »auflösen«, »zerfallen« lassen.

Wenn schon SCHMITT, auf Grund rein begrifflicher Logik, die Demokratie mit ihrer wenigstens der überkommenen literarischen Ideologie nach vorhandenen Tendenz, Staat und Gesellschaft zu identifizieren, im Gegensatz zum konstitutionellen Staat als »totalen« Staat bezeichnet hat (*Hüter der Verfassung*, S. 79), so zeigt die Indienstnahme seiner absolute Homogenität voraussetzenden Demokratiedefinition durch ALFONS STEINIGER, *Das Blocksystem*, Berlin (1949), wie bequem ein Theoretiker des Totaltarismus die Begriffe eines anderen verwenden kann.

[186] »Notes on the problem of souvereignty«, Yale University Press (1917), p. 251.

[187] Die Suche nach einem bestimmten persönlichen Träger der Souveränität findet sich als besonders kennzeichnendes Merkmal in der anglo-amerikanischen Literatur zum Souveränitätsproblem. Der wichtigste Repräsentant dafür ist JOHN AUSTIN, vgl. *Lectures on Jurisprudence*, 4th. ed. (1873), p. 226: »If a determinate human superior, not in the habit of obedience to a like superior, receive habitual obedience from the bulk of a given society, that determinate superior is sovereign in that society, and the society (including the superior) is a society political and independent«. Dazu W. J. BORN, *The Austinian Theory of Law* (1906); JOHN DEWEY, Austins Theory of Sovereignty (1894), *9 Pol. Scie. Q.* 31; R. A. EASTWOOD und G. W. KEETON, *The Austinian Theories of Law and Sovereignty* (1929); DAVID G. RITCHIE,

lehnt KIRCHHEIMER denn auch mit der treffenden Bemerkung ab, »Au lieu de chercher le dépositaire véritable, SCHMITT justifie le vainqueur d'une guerre civile«[188]. Damit sagt er aber selbst, daß es nicht nur darauf ankommen kann, wer effektiv die Macht in Händen hat. Vielmehr ist, wie DIETRICH SCHINDLER[189] ausgeführt hat, die Souveränität zwar eine Aussage über eine soziale, d.h. Recht und gesellschaftliches Leben umspannende Tatsache, aber als juristischer (und auch politischer) Begriff dieser Tatsache gegenüber *relativ* unabhängig. Denn er braucht nicht allen Schwankungen der tatsächlichen Lagerung der Mächtigkeit im Sozialen zu folgen[190]. Jedes Lokalisierungsprinzip ist zu einem Teil Wirklichkeitsaussage und zum anderen Sollensurteil. Wenn der Jurist also von einem Subjekt behauptet, es sei souverän, so soll es damit auch so aufgefaßt werden, um als Quelle der staatlichen Gewalt respektiert werden zu können. HELLER befand sich somit sowohl im Einklang mit einer nicht zu eng interpretierten sozialen Wirklichkeit wie mit dem Recht der Weimarer Verfassung, wenn er das im Willen geeignete Volk als Träger der Souveränität auffaßte.

Überhaupt zeigen sich die hier aufgezeigten Schwächen der Lehre HELLERS in einem anderen Lichte, wenn man sich der besonderen Situation der Weimarer Republik erinnert, unter deren Eindruck er schrieb. Die Zerreißung der staatlichen Einheit in Partei- und Klassenkämpfen, die Verdrängung der Staatssouveränität durch »einen Feudalkapitalismus, welcher die politische Herrschaft wieder auflöst in ein Bündel privatrechtlicher Nutzungsrechte« (43) war die Gefahr, die er genau wie CARL SCHMITT vor Augen hatte[191]. Dagegen hat er

On the Conception of Sovereignty (1891), *1. Am.Acad.Pol. Sci. Annals* 385 ff. Gemäß den vier möglichen Kombinationen des Verfassungsänderungs-Artikels der US-Verfassung von 1787 (Art. 5) gehöre es zur Besonderheit des amerikanischen Souveräns, daß man erst nach seinem Tätigwerden wisse, wer er sei. – Hier wird als Souverän die Gesamtheit der zur Verfassungsänderung befugten Körperschaften verstanden. So L. B. ORFIELD, *The Amending of the Federal Constitution* (1942), p. 160; DEWEY, aaO. p. 31 ff.

Eine gute Zusammenfassung der anglo-amerikanischen Souveränitätsauffassung findet sich bei QUINCY WRIGHT, *A Study of War*, vol. III, Chicago (1947), 4. ed., pp. 895 ff.

[188] AaO. p. 251.

[189] *Verfassungsrecht und soziale Struktur*, Zürich (1932), S. 110 f.

[190] So auch HELLER, in der *Staatslehre*, S. 247.

[191] Von hier aus ist auch WERNER WEBERS These von der Mediatisierung des Volkes durch die Parteien verständlich (*Bonner Grundgesetz und Weimarer Verfassung*, Göttingen [1949], S. 16 ff.), aber auch für sie gilt das oben S. 6 ff. gesagte.

nicht ohne Recht das Problem der demokratischen-staatlichen Willenseinigung in den Vordergrund gerückt, und auch seine Betonung der Entscheidung wird angesichts der Autoritätslosigkeit der Weimarer Zeit verständlich.

Zusammenfassend wird man sagen können, daß HELLER mit seiner Lehre, die doch wenigstens einen gewissen Ausschnitt des gesellschaftlich-soziologischen Sinnes der staatlichen Souveränität wieder ins Bewußtsein zurückgerufen hat, einen neuen Ansatz für eine wissenschaftliche Tradition des Souveränitätsproblems ermöglicht hat. Aber mit der Herausstellung der Entscheidung über den staatlichen Wirkungszusammenhang blieb das Problem doch unzulässig verengt, insbesondere mußte von hier aus die politisch-ethische und öffentlich-rechtliche Bewertung der Souveränität unbefriedigend bleiben. Der Gegner, an dem er sich allein orientiert, ist der staatsauflösende individualistische Liberalismus und Anarchismus. Ihm gegenüber ist seine Argumentation im vollen Recht. Am totalitären Absolutismus, der jedes Recht auf Sonderexistenz durch gewaltsame Dezision zu brechen sucht, geht seine Theorie jedoch vorbei, so scharf HELLER ihn auch als praktischer Politiker bekämpft hat. Entscheidung und Befehl erschöpfen den Raum der öffentlich-rechtlichen Souveränität des Staates nicht. Sie sind nur ein Aspekt des politischen Lebens, die Krönung, Erfassung und Erfüllung einer Aufgabe, die schon gegeben ist, bevor sie in der rechten Entscheidung evident wird. Denn nur um seiner Aufgabe willen ist der Staat souverän. Um sie erfüllen zu können, muß ihm auch die Möglichkeit zu souveräner Entscheidung gegeben sein. Aber diese Aufgabe bleibt zu formal bestimmt, ihre Bestimmung ist auch zu eng, versteht man sie als Entscheidung über den staatlichen Wirkungszusammenhang, als Sicherung der staatlichen Einheit. Die Vereinheitlichung in legitimierenden Werten, das Zusammenwirken um würdiger, sittlich geforderter Aufgaben willen, das ist die Aufgabe des Staates.

Von dieser Sicht her bleibt es rein rechtswissenschaftlich unbefriedigend, wenn HELLER den entscheidenden normwissenschaftlichen Ansatzpunkt des ganzen Problems im Verhältnis von *Wille* und *Norm* sieht. Der Wille, auch der höchste, »souveräne«, ist wie die Herrschaft[192] nie etwas letztes und kann der Norm nicht gegenübergestellt werden, auch nicht »dialektisch«. Aller politische Wille, alle politische Herrschaft ist nur gegeben in der Realisierung und Erfüllung – oder Verkennung und Mißachtung – aufgegebener politisch-historischer, normativ-fordern-

---

192 Vgl. dazu SMEND, *Verfassung,* S. 34., 42 ff.

der gesellschaftlichen Aufgaben. Eine materiale Auffassung der Souveränität kann sich daher, wie hier noch einmal wiederholt werden soll, nicht mit einer »materialen« Bestimmung der Souveränität begnügen, die auf die Universalität der Entscheidungsbefugnis abstellt, da dies seine allgemeine Eigenschaft einer souveränen Gewalt ist, aber legitimitätsbegründend immer nur die geschichtlich-konkreten Werte und Aufgaben sein können, in deren Erfüllung eine souveräne Gewalt ihren materialen Sinn findet. HELLERS Theorie läuft so wohl auf eine soziologische Verständlichmachung der einheitsstiftenden Wirkung einer souveränen Gewalt im Hinblick auf das »gebietsgesellschaftliche Zusammenwirken« hinaus, kaum aber auf eine materiale Rechtfertigung.

Die Erarbeitung eines materialen Souveränitätsbegriffes bleibt daher das wissenschaftlich hier eigentlich aufgegebene Problem. Zum soziologischen Funktionssinn die materiale Legitimität der souveränen Staatsgewalt entschiedener hinzuzusehen, als dies HELLER getan hat, muß daher der Leitgedanke einer zukünftigen Untersuchung dieser auch für eine nicht formale Rechtsauffassung im letzten staats*rechtlichen* Seite des Problems sein[193]. – Wenigstens in einer Hinsicht ist dieser Schritt in der neueren Literatur getan worden.

IV. Die christlich-liberale Zürcher Schule und ihre Reaktion gegen die Erneuerung des Souveränitätsdenkens

1. Der Wert des Einzelnen als Schranke der staatlichen Souveränität

Nimmt man die gegen den Obrigkeitsstaat gerichtete und zur Leugnung der Staatssouveränität führende Literatur heraus, so bleibt die eigentümliche Tatsache, daß das Verhältnis des Einzelnen zum Staat in der modernen Souveränitätsliteratur nur geringe Beachtung gefunden hat. Zwar findet sich bei JELLINEK, daß die Souveränität keineswegs eine prinzipiell unbeschränkte und unbeschränkbare Zuständigkeit festsetze[194], vielmehr hätten die dem Staate eingeordneten Individuen

---

[193] Die kraftvollste Ausführung des Problems in dieser Hinsicht scheint mit die HAENELS zu sein, *Staatsrecht I*, S. 110 f. Er ist ohne Nachfolger geblieben, nur ERICH KAUFMANN, *Das Wesen des Völkerrechts und die clausula rebus sic stantibus*, Tübingen (1911), S. 135 ff. folgt seinen Bahnen.

[194] *Allgemeine Staatslehre*, S. 439 f.

und Verbände ihre eigenen Rechte, »die sie nicht auf Kündigung, nicht als Gnade des souveränen Staates, nicht als dessen Delegierte besitzen«. Doch wenn es auch nach JELLINEK »außerhalb des realen Machtbereiches« des Staates liege, aber der Staat dennoch durch einen »okkupatorischen Akt« seiner aktuellen Kompetenz jedes neue Gebiet hinzufügen könne[195], so bleibt es eine zweifelhafte Schranke der Souveränität, wenn es weiter heißt, an der Anerkennung der Einzelpersönlichkeit finde unter allen Umständen die staatliche Kompetenzerweiterung ihre Grenzen[196].

Für CARL SCHMITT ist es seit seiner Anfangsschrift über den »Wert des Staates und die Bedeutung des Einzelnen«[197] ein durchgehendes Motiv seiner Schriften, daß der empirische Einzelmensch mit »seiner egozentrischen Gebärde« vor der Idee des Staates als Manifestation des Objektiv-Sittlichen keinen Wert, sondern nur »einen zusammengewehten Haufen von Atomen« darstellt. Nur im Staat bekommt der Mensch vom Staat her einen Sinn und Wert. Nicht der Staat sei eine Konstruktion, die die Menschen sich gemacht haben, »*er* macht im Gegenteil aus jedem Menschen eine Konstruktion«[198]. Schranken der Souveränität sind mithin etwas Undenkbares für ihn. Sie wären eine Negation des totalen Staates.

HELLER ist sich mit SCHMITT einig in der Kritik der individualistisch-liberalistischen Staatsauffassung. Der logisch unentwegte Liberalismus endet im Anarchismus[199]. Doch gleich fern ist ihm der Staats- und »Gewaltmythos« SCHMITTS. Freiheit und Form, Individuum und Gemeinschaft bleiben für ihn in einem »ewigen, wenn auch geschichtlich immer wechselnden Spannungsverhältnis«[200].

Individuum und Gemeinschaft sind für ihn Korrelatsbegriffe, der eine mit dem anderen gesetzt[201].

Das Ausmaß der Spannung und damit auch das Maß, in dem die souveräne Willenseinheit von ihrer höchsten Entscheidungskompetenz Gebrauch macht, bestimmt sich für ihn in erster Linie nach dem Grad der sozialen Homogenität einer im Staat vereinigten Gesell-

---

[195] AaO. S. 440.

[196] Ebd.

[197] Hallerau (1914).

[198] AaO. S. 93.

[199] *Souveränität,* S. 174.

[200] »Freiheit und Form in der Reichsverfassung«, *Die Justiz* 5 (1929/1930), S. 673.

[201] *Souveränität,* S. 84, *Staatslehre,* S. 99.

schaft. Die Spannung sei am geringsten, je größer die stets relative geistige und soziale Homogenität sei und je leichter man infolgedessen das gleiche politische Formideal in der Ganzheit bejahen könne[202]. Von solcher Homogenität ist ihm die moderne klassengespaltene Gesellschaft, in der auch die religiöse Wertgemeinschaft aufgelöst ist, aber weiter entfernt denn je. So ist es verständlich, wenn der Staat für ihn zwar nie die »höchste Autorität« (177) ist und immer an Rechtsgrundsätze gebunden bleibt, ihm das Problem der Vergemeinschaftung der individuellen Willen zur Wirkungseinheit eines Gemeinwillens« (83) und die Sicherung der staatlichen Autorität aber doch wichtiger wird, jedenfalls nach dem Ausmaß der literarischen Behandlung, als der ewige Prozeß des »man versus the state«, der ja nicht nur eine liberale Erfindung ist. So findet sich bei HELLER zwar eine soziologische Grundlegung seiner Souveränitätslehre an Hand der Kategorien Herrschaft und Ordnung, aber man vermißt die Fragestellung »Freiheit und Ordnung«, die für das angelsächsische Staatsdenken so wesentlich ist[203].

Es bedurfte der Erfahrung mit einem wahrhaft »totalen« Staat, um diese Frage auch für das Souveränitätsproblem in den Vordergrund zu stellen. Sie fand ihre Darstellung in der Souveränitätslehre HANS HAUGS, die er selbst eine Theorie der »relativen« Souveränität nennt[204]. Sie ist wohl der bedeutendste Beitrag zum Problem seit

---

202 *Die Justiz*, aaO. S. 673.

203 Wenn HELLER genau wie SCHMITT dem Homogenitätsproblem so starke Bedeutung beimißt, so ist das nicht das gleiche. SCHMITT geht von einer vorauszusetzenden Homogenität aus, für HELLER steht und muß sie im dialektischen Zusammenhang mit einem gleichfalls vorauszusetzenden Antagonismus der Gesellschaft stehen.

204 Diesen Ausdruck hat Dietrich SCHINDLER geprägt, der sich auch eingehender zum Souveränitätsproblem geäußert hat (*Verfassungsrecht und soziale Struktur* [1932], S. 104 ff.). Souveränität ist für ihn »höchste Mächtigkeit im Sozialen« (106), wobei er mit Mächtigkeit »Macht im Rohzustand« bezeichnet, getrennt von den Begriffen Recht und Staat. Souveränität des Staates bedeute also die dem Staatlichen zukommende Eigenschaft des Höchsten gegenüber dem Außerstaatlichen (107), seine »Seinsmächtigkeit im Sozialen«. Im Kulturkampf als Kampf gegen die Übermacht der Kirche und in der modernen Wirtschaftsgesetzgebung sieht er Beispiele, die seinen Begriff tragen. Als Aussage über die reale Wirklichkeit werde die Souveränität des Staates (Monarchen, Volks) zu einem Satz des positiven Staatsrechts, damit aber nicht selbst Norm, sondern Rechtsvoraussetzungsbegriff, indem sie für die rechtliche Konstruktion die Geltungsquelle der positiven Rechtssätze abgebe (110).

Mit der Bezeichnung der Souveränität als relativer, nicht absoluter, sei gesagt, daß sie nur vorhanden sei im Verhältnis zu anderen Sozialmächten, darum aber

HERMANN HELLER und geht einen entschiedenen Schritt weiter zu seiner materialen Erfassung und zu einer Erörterung des Problems der Grenzen des Staates.

2. Die Theorie der relativen und dialektischen Souveränität von HANS HAUG

Auch HAUGS Lehre ist nur aus dem weiteren Zusammenhang seiner Staatsauffassung darzustellen. Denn auch hier ist die Souveränitätstheorie nur das getreue Spiegelbild dieser, und nur aus ihr heraus verständlich. Seine Staatsauffassung ist die des Kalvinismus, – EMIL BRUNNER und ABRAHAM KUYPER[205] ist er besonders verpflichtet. Damit ist für ihn, auch für alle wissenschaftlichen Aussagen, letzte Richtschnur ein Glaubenssatz: »Weder das Volk, noch der Staat sind souverän, sie beide stehen unter einem Gesetz, das sie bindet, das ihnen ihr Recht begrenzt. Souveränität kommt allein Gott zu.«[206]

Unter dem göttlichen Nomos stehend sei der Staat in der Welt des Sozialen souverän, aber gebunden an die Aufgaben und Grenzen, die ihm von dorther bestimmt sind. Es ist ein durchgehende Motiv der reformiert-christlichen Staatsauffassung, und so ist auch für HAUG der Staat »Erhaltungsordnung«, gehört damit nur subsidiär zum menschlichen Leben als Damm gegen die in die Ordnung der Schöpfung eingebrochene Macht des Bösen. Damit ist dem Staat verwehrt, in das Verhältnis von Schöpfer und Geschöpf einzugreifen. »An der Selbst- und Letztwertigkeit des Menschen als eines Geschöpfs Gottes breche sich die Souveränität des Staates[207].

HAUG nennt seine Theorie eine dialektische (42). Damit will er sagen, daß er sich, wie die ganze neuere Staatstheorie von RUDOLF SMEND, über HERMANN HELLER und DIETRICH SCHINDLER der dialektischen Denkmethode bedient, die das einzelne nur im Ganzen und das Ganze im Teil sehen will. Denn nur so sei wirklichkeitsechtes, sachgerechtes Denken möglich. Abgelehnt wird damit jedes »elementare«, »eindimensionale« oder »monistische« Staatsdenken, das keine realen Spannungen kennt oder sie auf einen Pol hin auflöst (23). Für

doch Superlativ, aber eben nur als Endpunkt einer Reihe von Komparativen. – SCHINDLERS Lehre ist eine soziologische, in der die rechtliche Fundierung der staatlichen Mächtigkeitskonzentration nicht ausgeführt ist.

205 *Reformation wider Revolution*, Berlin-Groß Lichterfeld (1904).

206 EMIL BRUNNER, *Gerechtigkeit*, Zürich (1943), S. 88, zit. HAUG, S. 60 f.

207 HAUG, ebd. Weitere Seitenzahlen im Text.

die Souveränität des Staates im besonderen will er damit weiter sagen, daß er den in der sozialen Seinssphäre souveränen Staat zugleich im Lichte der idealen Werte sehen will, von denen aus sich erst die wahre Rangordnung der Dinge ergebe (59 f.). – Wenn HAUG die Schwierigkeit der dialektischen Methode darin sieht, »nicht alles auf einmal sagen zu können, obwohl sie es eigentlich im Bewußtsein des Sinnzusammenhanges tun müßte«, so hat er damit die Schwierigkeit des Souveränitätsproblems ganz besonders gekennzeichnet.

Mit HELLER ist für HAUG Herrschaft ein Verhältnis der Über- und Unterordnung, durch das eine Willensrelation begründet wird, in dem Sinne, daß der höhere Wille den untergeordneten zwingend bestimmt (33). Die Herrschaft sei gerechtfertigt mit dem Einbruch der Sünde in die Ordnungen, und aufgegeben sei ihr, die Macht der Sünde einzudämmen und die natürlichen und gerechten Ordnungen vor der Auflösung zu bewahren. Dieser Aufgabe, vor allem der Verhinderung der Überwältigung der Schwachen durch die Stärkeren, könne eine Herrschaft aber nur dann gerecht werden, wenn sie im Bereiche einer Gemeinschaft die fraglos stärkste und imstande sei, den Einzelnen und Gruppen die Aussichtslosigkeit des Widerstrebens zu eröffnen. Die ultima ratio aller Herrschaft sei der Zwang und dessen letzte Konsequenz die körperliche Freiheitsberaubung, über die eine Herrschaft, um im Bereiche einer Volksgemeinschaft die fraglos höchste zu sein, das Monopol besitzen müsse (34).

Da jede Herrschaft mit der ihr eigenen Machthäufung auch dem Bösen dienstbar sein kann, bedürfe sie stets der Legitimierung, die in der normativen Fundierung und Begrenzung beruhe. Die Begrenzung der Herrschaft vollziehe sich durch deren rechtliche Organisierung in der Form normativer Regelung der zuständigen Herrschaftsträger, ihres Zuständigkeitsbereiches und des Modus der Ausübung ihrer Herrschaft. Mit WALTER BURCKHARDT[208] nennt er dieses organisierende Recht »Organisation«. Es ermögliche das dialektische Zusammenfließen des Rechts mit der staatlichen Herrschaft (38), die beide nicht gelöst voneinander zu denken seien[209].

Dem Staat ermögliche dies Organisationsrecht, das Recht als materiales Postulat zu verwirklichen, und zugleich Inhaber des Zwangsmonopols zu sein (41, 37).

---

[208] *Die Organisation der Rechtsgemeinschaft* (1944), 2. Aufl.

[209] Hier schließt sich HAUG der Lehre vom dialektischen Verhältnis von Staat und Recht an, die auf den Staat in seiner Eigenschaft als Herrschaftsverband abgestellt ist.

Zweierlei wird ihm zum Inhalt des Souveränitätspostulats des Staates: höchste Mächtigkeitskonzentration und ihre rechtliche Fundierung (43).

Daß jemand in einem Bereiche des Sozialen zuhöchst sein muß, folge aus der Notwendigkeit der Herrschaft. Ein Wille müsse »im Dienst der Ordnung, Freiheit und echten Gemeinschaft« (42) die letzte Entscheidung treffen können und in der Lage sein, seinem Willen Geltung zu verschaffen. Damit ist höchste Mächtigkeit, Übermächtigkeit im Sozialen für ihn gefordert, keineswegs Allmächtigkeit. HELLER hatte noch an dem absoluten Charakter des Souveränitätsbegriffes festhalten wollen, den er aus dem Staatsrecht auf Selbsterhaltung begründete[210]. HAUG gibt mit SCHINDLER diese Bezeichnung preis: Souveränität sei, wenn auch ein Superlativ, so doch nur ein relativer Begriff, da lediglich der Endpunkt einer Reihe von Komparativen. Damit will er sagen, wer souverän ist, solle mächtiger als alle anderen im Sozialen sein, aber darum nicht allmächtig. – Mir scheint, daß mit dieser auf SCHINDLER zurückgehenden Bestimmung die soziologische Grundlegung der Staatsgewaltssouveränität am besten getroffen ist, allerdings eben nur im formalkomparativen Sinne.

Daß der Staat nicht identisch mit Herrschaft ist, betont HAUG ausdrücklich (38)[211]. Für die *rechtliche* Fundierung der souveränen Herrschaft ist mit HAUG zu unterscheiden die Frage nach der Legitimität und Gerechtigkeit einer Herrschaft. Legitimität sei zwar gleich der Gerechtigkeit ein Wertmaßstab (46), aber doch als »allgemeine Zustimmung und Gewöhnung« mehr im Sein als im idealen Sollen verankert. Legitim sei eine Herrschaft, die dem Lebensgefühl ihrer Unterworfenen angemessen ist, die von ihrer Zustimmung oder stillschweigenden Billigung getragen wird. Doch könne sie, auch wenn das der Fall sei, ungerecht sein[212].

Das eigentliche Anliegen HAUGS bleibt die Frage nach den Grenzen der Souveränität des Staates. Denn was hindere den im Sozialen an höchster Stelle stehenden Staat, der mächtiger als alle anderen Gewalten ist, Allmächtigkeit, Totalität für sich in Anspruch zu nehmen?

---

[210] Wohl nicht mehr *Staatslehre*, S. 286 f., wo der Staat als »höchste Organisation« im Verhältnis zu anderen Willenseinheiten bezeichnet wird.

[211] Wenn HAUG sagt, daß der Staat neben seiner Herrschaftsaufgabe zur Eindämmung des Bösen auch in der Notwendigkeit des koordinierten Handelns, des volksgemeinschaftlichen Zusammenwirkens begründet sei, so zieht er die Grenze an der gleichen Stelle wie HERMANN HELLER.

[212] Vgl. oben S. 56, Anm. 162.

»Ist der Superlativ des sozialen Zuhöchstseins das Letztgültige, oder überhöht und relativiert durch einen absoluten Wert? Kann dieser absolute Wert die maßgebende Norm der Ordnung in der sozialen realen Seinssphäre abgeben?« (50)

Für HAUG kann hier nur im Lichte einer Erkenntnis, der die Rangordnung der sozialen Mächtigkeiten nicht auch zu einer Rangordnung der Werte wird, eine Antwort gefunden werden. Es ist keine utopische. Wenn der Staat der Mächtigste im Sozialen ist und sein soll, so kann er durch nichts »gezwungen« werden. Der souveräne Staat hat keine Gewalt über sich, welche befugt wäre, ihm rechtlich verbindlich zu befehlen. Der absolut höchste Nomos, dem auch er unterworfen sei, habe kein reales, sondern ein ideales Sein (70). Aber er verpflichte und binde ihn darum nicht weniger, Halt zu machen vor den in der menschlichen Person verankerten grundlegenden Werten. Diese Werte, für den sozialethischen Bereich zusammengefaßt im Begriffe der Gerechtigkeit, gäben dem auf seine Legitimität gestützten Staat auch die zweite Komponente seiner rechtlichen Fundierung.

Denn wenn Gerechtigkeit verstanden wird »als der Maßstab, der bestimmt, was das Recht einem jeden zuteilen soll« (215), und der Staat als letzte Instanz darüber entscheidet, »was für die Bewohner eines Staatsgebietes verbindliches Recht sei« (69), so liegt ihm die Sorge für die Verwirklichung der Gerechtigkeit, ihre Überführung aus dem Reich des Idealen in das des Sozialen, ob (64). Nicht so, als ob er ein Monopol darauf hätte, die Gerechtigkeit zu verwirklichen. Seine Aufgabe könne hier wesentlich nur erhaltender und wiederherstellender Art sein, in dem er als Hüter der Gerechtigkeit dort auftritt, wo man ihr die Ehre versagt und sie dort stützt, wo sie seiner Macht bedarf. Mit Recht weist HAUG (44) darauf hin, daß es allen, die seit BODIN die Souveränität des »Staats« forderten, um »Inhalte, Werte, materiale Prinzipien« ging, deren Verwirklichung den Staat als »gerechte, gesunde oder vernünftige Herrschaft« legitimierten. So sei die Souveränität des Staates gerechtfertigt erst da, wo das von ihm positivierte formale Recht den Prinzipien der Gerechtigkeit Geltung verschafft.

Was dem Staate auf der einen Seite seine Würde gibt, begrenzt ihn aber auf der anderen. Denn könne der Mensch ohne den die Gerechtigkeit im Sozialen verbürgenden Staat auch nicht leben, so bleibe der Mensch unter der Souveränität Gottes dem Staat gegenüber doch immer das Selbst- und Letztwertige, ein qualitatives Mehr. – Wenn der Staat auch für JELLINEK an der Anerkennung der Einzelpersönlichkeit seine Grenze fand, so behauptete JELLINEK damit doch nur eine lediglich autonome sittliche Selbstbeschränkung des Staates. Vermöge der »Glaubensbeziehung auf den Schöpfer aller Kreatur« (67) liegt in der Erwählung des Menschen eine heteronome Schranke, die weder Mensch noch Staat aufzuheben vermag.

Diese Auffassung des Staates und des politischen Seins des Menschen nimmt dem Staat nichts von seiner Würde, sondern sucht seine Aufgabe und seinen Wert im Lichte höherer Werte zu bestimmen. Die menschliche Existenz wiederum wird von Haug nicht auf ein Privat- oder Massenmenschentum hin ausgerichtet, sondern es wird anerkannt, daß er als Individuum zwar nur im Staat »sein Wesen« habe (68), wie er aber andererseits allein – und frei vom Staat – seinem Schöpfer gegenüber steht, dem auch der Staat untertan bleibt.

Haug hat in der neueren Literatur als erster wieder in einer rein juristischen Arbeit die These zu vertreten gewagt, daß die Frage nach der Souveränität des Staates immer auch die nach der letzten Wahrheit sei (59). In der engen Beziehung auf die Gerechtigkeit wird man denn auch eine materielle Bestimmung der Souveränität sehen können, aber sie ist doch nur eine Seite der Sache.

2. Teil

Der souveräne Einzelstaat
Außerrechtliche Voraussetzungen seiner Existenz

I. Die gegenwärtige politikwissenschaftliche Problematik der Souveränität

Am Anfang dieser Arbeit wurde die alleinige Betrachtung des Souveränitätsproblems als juristischen Problems der souveränen Staatsgewalt für das Schweigen mitverantwortlich gemacht, das die zeitgenössische Staatswissenschaft gegenüber der gegenwärtigen Infragestellung der Souveränität beherrscht. Denn infragegestellt ist heute in erster Linie der Einzelstaat als souveräner Willensverband, nicht aber die Souveränität »als rechtliche Eigenschaft der Staatsgewalt«. Hier kann es nur um ihre Schranken und Grenzen gehen, die sich aus ihrem Sinn ergeben müssen. Von Bundes- und Weltstaatsplänen wird der Vielzahl souveräner Einzelstaaten, nicht aber dem Staate überhaupt die Souveränität bestritten. Nicht ihre Eliminierung, sondern ihre Übertragung auf höhere Verbände ist daher heute das eigentlich aufgegebene Problem. Denn wenn der Weltstaat auch ganz allgemein als politische Utopie bezeichnet wird, die zudem nur Unfreiheit bedeuten könnte, so würde er doch bei der enormen Machtkonzentration in den Händen einzelner Großmächte rein machtmäßig in absehbarer Zeit Wirklichkeit werden können[1]. Eine souveräne europäische Föderation findet die Befürwortung der französischen Regierung. Es ist ein Projekt, das in nicht ferner Zeit Realität gewinnen kann. So ist die Frage nach der Lokalisierung der Souveränität von der politischen Wirklichkeit aufgegeben wie kaum eine andere und damit allen anderen Fragen voranzustellen. Diese Frage kann aber nicht juristisch, sondern nur mit den Methoden einer politischen Wissenschaft, staatstheoretisch, also geistes- oder sozialwissenschaftlich beantwortet werden[2]. Denn

---

[1] So Schindler, *Nachlaß,* aaO. S. 265.

[2] Zur Methode Smend, *Verfassung* S. VII. – Eine noch entschiedenere Erweiterung der staatstheoretischen Arbeitsweise durch eine stärkere Hereinnahme der Ergebnisse der modernen empirischen Sozialwissenschaften – insbesondere der So-

ob diese Übertragung zweckmäßig, gerecht, sinnvoll ist, kann von einer ausschließlich staats- oder völkerrechtlichen Warte aus nicht beurteilt werden. Die Übertragung von Souveränitätsrechten von einem kleineren auf einen größeren Verband ist formalrechtlich kein wesentlich größeres Problem als die Übertragung eines Aktienpaketes. Und wenn der Staat nur Herrschaftsordnung mit Rechtssicherungsfunktion wäre, so wäre auch nicht einzusehen, warum ein europäischer Bundesstaat oder gar ein Weltstaat mit seinen gewaltigen Mitteln diese Herrschaftsaufgaben nicht mit gleicher oder einer weit höheren technischen Vollkommenheit sollte erfüllen können. Warum aber soll er dann doch Unfreiheit bedeuten[3]?

Es erhellt, daß mit einer Beschränkung auf ein mehr oder weniger technisches Rechts- und Herrschaftsproblem der Frage nicht näherzukommen ist. Auch die völkerrechtlichen Kategorien des Bündnisses, Staatenbunds und Weltstaats sagen nichts zur Problematik aus. Es sind Formen, die sich anbieten. Aber sie bestimmen nicht, ob man sich ihrer bedienen soll. Zu bequem wäre es, das Problem als »politisches« als für eine wissenschaftliche Betrachtung unzulänglich zu erklären. Alles über die natürlichen Ordnungen der Familie und des Stammes hinausgehende Zusammenleben der Menschen ist politisches Zusammenleben und unterliegt als solches gewissen wissenschaftlich erkennbaren Zusammenhängen. Es gibt »Grundordnungen des menschlichen Zusammenlebens, die über aller positiven Rechtssetzung stehen«, und mit denen elementare Bedingungen einer gerechten Sozialordnung gegeben sind[4]. Die Aufgabe einer Souveränitätstheorie wäre also heute, darzutun, wieso die Vielheit souveräner Einzelstaaten noch oder nicht mehr ein sinnvolles politisches System sein kann.

Die diese Fragestellung dabei vorab bestimmende Voraussetzung ist das Postulat, daß die als souverän anzuerkennende staatliche Willenseinheit ein freiheitlich-demokratischer Staat zu sein hat. Dabei ist »demokratisch« nicht zu verstehen im Sinne einer »Willenstheorie«, die allein darauf abstellt, bei wem die höchste Gewalt im Staate liegt, sondern als Kennzeichnung für einen Staat, dem bestimmte menschliche Werte als schlechthin verpflichtend galten (die mit Freiheit, Gleich-

zialpsychologie, Soziologie und Sozialanthropologie – macht gerade dieses Problem besonders deutlich.

[3] Was HAUG, S. 30 Anm. 6 und S. 42 für den Weltstaat besonders entschieden zum Ausdruck bringt..

[4] SCHINDLER, *Nachlaß,* aaO. S. 57.

heit, Menschenwürde immer noch am deutlichsten umrissen sind). Die modernen Infragestellungen dieser Staatsform sind damit ein entscheidendes Moment für die Art der Beantwortung des Problems.

In der Gestalt, in der dieses Problem eine Antwort verlangt, ist es in der neueren deutschsprachigen Literatur nicht gestellt worden[5]. Es finden sich Hinweise allerdings in weiteren Zusammenhängen. So haben DIETRICH SCHINDLER[6] und MAX HUBER[7] auf die Bedeutung der außerrechtlichen Voraussetzungen des souveränen Staates hingewiesen. MAX HUBER hat das Problem auch als Problem der »nationalen Erneuerung« gestellt[8]. HERMANN HELLER[9] hat es im Zusammenhang einer Auseinandersetzung mit der sozialistischen Staatsauffassung gestreift. Und RUDOLF SMENDS Integrationslehre[10] wird man als den Nachweis auffassen können, daß der sich selbst organisierende und ständig neu gestaltende Einzelstaat eine sinnvolle Form politischer Wirklichkeit ist, daß *nur* er es ist, solange nicht eine höhere Gemeinschaft jene sachlichen Werte repräsentiert, die Voraussetzung für Integration und damit ein rechtes politisches Zusammenleben sind. Als staatstheoretisches, politikwissenschaftliches Problem der Souveränität des Einzelstaates ist es aber in der mir bekanntgewordenen Literatur nicht gestellt.

Nach der Souveränität ist vielmehr immer nur gefragt worden als einer Eigenschaft der höchsten rechtlichen Entscheidungsfreiheit im Sozialen: der »Staatsgewalt« (JELLINEK), der »universalen Gebietsentscheidungs- und Wirkungseinheit« (HELLER), oder des höchsten Gesetzgebers (HAUG). Damit ist aber die in der neueren Theorie geltendgemachte Forderung nach einer dialektischen Ganzheitsbetrachtung des Staates und damit auch der Souveränität nicht erfüllt worden. Sie ist doch immer noch weit mehr behandelt worden als eine Eigenschaft, die dem einen herkömmlichen Element oder Moment im Staatsbegriff (Volk, Gebiet, *Herrschaft*) zugeordnet ist, als daß gefragt worden wäre, welches ihre Stellung im Ganzen ist[11]. Es mag aber sein, daß diese so besonders wichtige Seite des Staates weniger als irgendei-

---

[5] Auch die ausländische Literatur, mit ihrer im allgemeinen noch größeren Konstitutionsgläubigkeit, kennt, soweit ich sehe, das Problem nicht.

[6] *Verfassungsrecht und soziale Struktur*, Zürich (1932) und *Nachlaß,* aaO. passim, insbesondere S. 265.

[7] *Die soziologischen Grundlagen des Völkerrechts*, Berlin (1928).

[8] *Grundlagen nationaler Erneuerung,* Zürich (1934).

[9] *Sozialismus und Nation*, Berlin (1931), 2. Aufl.

[10] *Verfassung und Verfassungsrecht* (1928).

[11] Im »Ganzen«, im Sinne der Hegelschen Totalität des States, in der alle äußer-

ne andere für sich allein herausgenommen und einer isolierten Betrachtung unterworfen werden darf. Wichtigste Fragen bleiben dann ungestellt. So fehlt eben die sich heute ganz besonders aufdrängende Fragestellung nach dem Verhältnis von Einheitsbildung, Staatsform und Lokalisierung der Souveränität.

Wie zu zeigen ist, stand im älteren Staatsdenken der Souveränitätsbegriff in sehr viel weiteren Zusammenhängen, diente durchaus nicht nur zur Kennzeichnung der »höchsten Staatsgewalt«. Er stand in Beziehung zum Begriff des Staates als geistiger und sozialer Wirklichkeit und allen äußerlichen und geistigen Mächten, die in diesem Begriff aufgehoben sind. Da aber die Geschichte der Souveränitätstheorie bis zu Georg Jellinek, vor allem in der großen Darstellung Rehms[12] unter vorwiegend juristischen Gesichtspunkten betrachtet worden ist, ist dieser Sachverhalt kaum noch beachtet, oder einfach als unjuristischer Irrtum abgetan worden[13]. Aber alle außerrechtlichen Voraussetzungen des Souveränitätsbegriffes müssen mit ihm zusammen gesehen werden, auch für eine sachgemäß juristische Beurteilung des Begriffes. Er steht zu sehr im Mittelpunkt der staatsrechtlichen und staatstheoretischen Problematik, als daß er methodisch isoliert werden dürfte. Denn die Übertragung der Souveränität auf höhere Verbände muß eben auch die unzähligen unausgesprochenen, aber ungemein wichtigen außerrechtlichen Voraussetzungen in Betracht ziehen, auf denen das normale Funktionieren einer rechtsstaatlichen Verfassung beruht. Gerade diese außerrechtlichen Voraussetzungen werden aber von Welt- und Bundesstaatsplänen außer acht gelassen[14].

Wenn die alten Schriftsteller das Souveränitätsproblem in weiteren Zusammenhängen gesehen haben, so werden sie uns auch heute den Weg zu einer Antwort auf die heutigen Infragestellungen weisen können. Im folgenden soll versucht werden, das an Hand der Äußerungen einiger älterer Schriftsteller zu zeigen. Dabei soll die Anführung alter Autoren kein Selbstzweck sein. Sie sollen nur die hier vertretene These bekräftigen, daß das Souveränitätsproblem *auch* ein staatstheoretisch-politisches ist, und daß auch der juristische Begriff der Staatsgewaltssouveränität der theoretischen Grundlage nicht ent-

lichen und geistigen Momente als Mächte aufgehoben sind (vgl. »Philosophie der Geschichte«, *Werke* [Lasson], Bd. 8, S. 121).

[12] *Geschichte der Staatsrechtswissenschaft,* Freiburg (1898).

[13] Vgl. z.B. Jellinek, *Allgemeine Staatslehre*, S. 397 f., 417, 431.

[14] Schindler, *Nachlaß*, aaO. S. 265.

behren kann, daß insbesondere die Frage nach der Lokalisierung der Souveränität nur auf dem Wege über einen Rückgriff auf materielle, soziologische Inhalte des Begriffs beantwortet werden kann. Auf dem Umweg über die alten Autoren wird auch die nicht zu leugnende Krise des staatsrechtlichen Souveränitätsbegriffs leichter zu verstehen sein, eine Krise, die älteren und viel tieferen Ursprungs zu sein scheint, als daß sie mit der Frage nach dem willensbegabten Subjekt der Souveränität oder dem Verhältnis von Norm und Individualität gleichgestellt werden könnte.

Dabei erscheinen drei Kategorien besonders geeignet, wenigstens einige Seiten des Problems zu fassen[15]. Es sind dies

1. der Begriff der »Autarkie« des Staates als sozialer äußerer Unabhängigkeit des souveränen Staates,
2. der Begriff der »Einheit« des Staates als Ausdruck seiner geistigen Individualität und
3. der Begriff der »Staatsgesinnung« zur Verdeutlichung der Beziehung von demokratischer Staatsform und Lokalisierung der Souveränität.

II. Soziale Autarkie als Voraussetzung des souveränen Staates

Es ist eine ganz unbestritten gebliebene Behauptung Georg Jellineks, daß der antike Begriff der Autarkie »mit dem modernen der Souveränität nicht die geringste Verwandtschaft« hat[16]. Angesichts solch bestimmter Feststellung muß es Wunder nehmen, daß Albert

[15] Der Verfasser muß es offen lassen, inwieweit in ihrer Linie eine vollständige Erfassung des Problems möglich ist. Entscheidend scheinen sie mir zu sein, jedenfalls wichtiger als die in diesem Zusammenhang immer wieder behandelten Probleme der »Ausschließlichkeit« und »Undurchdringlichkeit« der souveränen Gewalt. Allenfalls wäre von einer Wiederaufnahme des Problems des Staatsgebietes eine wesentliche Erweiterung zu erwarten. Leider ist der Hellersche Ansatz zu einer Neufassung des Problems nur Skizze geblieben (*Staatslehre*, S. 286 f.).

[16] *Allgemeine Staatslehre,* S. 395; vgl. auch Rehm, aaO. S. 1. Anders nur Erich Kaufmann, *Zur Staatslehre des monarchischen Prinzips,* S. 10 Anm. 2, wo für spätere Zeit eine Darstellung angekündigt wird, welche Bedeutung der Begriff der Autarkie für die Geschichte des Souveränitätsbegriffes in der modernen Staatsidee gehabt habe. Einen Hinweis auf den geistesgeschichtlichen Zusammenhang s. auch bei Leifer, *Klio-Beiheft,* XXIII, S. 26 Anm. 1.

Haenel »Selbstgenügsamkeit« zu den Begriffsmerkmalen eines souveränen Staates zählte[17].

Nicht weniger ist es Gemeingut aller Darstellungen der Geschichte des Souveränitätsbegriffes, daß er geschichtlich entstanden ist im Kampfe der Staatsgewalt mit anderen Mächten im Sozialen (Kirche, Adel, Städten, Kaiser)[18]. Damit wurde der für die rechtliche Beurteilung allerdings entscheidende Faktor auf Kosten anderer, auch wesentlicher Faktoren vielleicht zu sehr bevorzugt. Denn – das ist darzutun – auch für Bodin und die spätere Souveränitätslehre bleibt Autarkie im Sinne sozialer Unabhängigkeit und innerer Geschlossenheit eines Staatswesens konstitutives Element des Staats- und Souveränitätsbegriffes und bleibt es bis zur Mitte der Naturrechtsepoche[19].

Ist das richtig, so wäre für das Verständnis der heutigen Krise des Souveränitätsbegriffes ein erster Anhalt gefunden. Denn ein gewisses Maß von Autarkie und Selbständigkeit war die heute zweifelhaft ge-

---

Die Verwendung des Begriffes bei Hans A. Dombois, *Formelle und absolute Staatslehre*, »Göttinger Juristische Dissertation« (1950), Masch. Schrift S. 30, halte ich nicht für sehr glücklich. Dort wird Autarkie mit »eschatologischer Souveränität« gleichgesetzt, die nur jenen Staaten zukommen, deren Bereich mit dem Gültigkeitsbereich eines höchsten Wertes zusammenfalle (z.B. Japan, UdSSR). Das sachlich gleiche Problem wird unten im nächsten Kapitel als Problem der wertbestimmten Individualität des Staates behandelt.

Lebendiger als in Deutschland sind Begriff und Problem der Autarkie in der italienischen Staatslehre geblieben. Vgl. Carlo Cotamagna, »Autarkie und Ethnarkie in der Völker- und Staatsrechtslehre der Neuordnung«, *ZdAkfDR*, 8. Jg. (1941), S. 201 ff.

[17] *Deutsches Staatsrecht I,* S. 113.

[18] Jellinek, aaO. S. 399; Schmitt, *Verfassungslehre,* S. 49; Schindler, *Verfassung,* S. 106; Rehm, aaO. S. 222; Heller, *Staatslehre,* S. 16; Waldecker, aaO. S. 647 ff.; Holdsworth, *Some Lessons from our Legal History* (1928), pp. 137 ff. Ein bekannteres Beispiel der einseitig juristischen Interpretation alter Schriftsteller ist Otto v. Gierkes »Althusius«. Aus der angesprochenen politischen Axiomatik des Althusius wird bei Gierke durchweg Naturrecht. Vgl. die Einleitung von C. J. Friedrich zu »Althusius, Politica methodice digesta«, *Harvard Political Classics II* (1932), insbesondere S. LXV. – Auffällig ist auch, wie in der größtangelegten Dogmengeschichte des Souveränitätsbegriffes, die sich die Herausstellung des Zusammenhanges der antiken, mittelalterlichen und neuzeitlichen Staatstheorien zur besonderen Aufgabe gesetzt hatte, in Gierkes *Deutsches Genossenschaftsrecht,* das Autarkiemerkmal ganz unwesentlich wird. Vgl. dazu insbes. Bd. III, S. 11. Rehm, aaO. S. 220 ff. schreibt eine Seite über die »lediglich politischen Bestandteile« der Staatslehre Bodins, um dann elf Seiten über die Souveränität als »Eigenschaft der Staatsgewalt« zu schreiben. Völlig abstrakt isoliert ist der Souveränitätsbegriff Bodins in der Darstellung Hanckes, *Bodin,* Eine Studie über den Begriff der Souveränität, Breslau (1894).

[19] Zur Rolle des Begriffs in der scholastischen Staatslehre vgl. Heinrich Rommen, *Die Staatslehre des Franz Suarez,* S. J. (1962), S. 141 f.

wordene Voraussetzung für das vierjahrhundert lange »bloße Nebeneinanderleben« der Staaten in jenem »latenten Kriegszustand« wie es MAX HUBER[20] genannt hat.

BODINS berühmte Souveränitätslehre ist nur aus dem Gesamtzusammenhang seines Werkes verständlich[21,22]. Dieses zeichnet sich durch seine enzyklopädische Mischung von Politik, Staatswirtschaftslehre, Geschichte, Staatsphilosophie und Staatsrecht aus. Sein Werk entspricht darin ganz den antiken Staatslehren und den wenig früheren Werken MACHIAVELLIS. So hat BODIN aus dem Geist der Renaissance heraus auch Sinn für den Eigenwert des »Staates als Kunstwerk« (JACOB BURCKHARDT), der seine eigenen Gesetze hat, die er in seiner Staatslehre erkunden will.

In seiner Staatsdefinition folgt BODIN Aristoteles[23], indem er sich den Staat als aus »mehreren Familien (Haushaltungen) und dem, was ihnen gemeinsam ist« gebildet denkt. Dabei widmet er den Domänen und dem sonstigen Staatsgut, das der Staat zur Erfüllung seiner Aufgaben braucht, besondere Aufmerksamkeit. Das geschieht nicht nur aus politischen Gründen – (er bekämpfte die Auffassung, die die Domänen als Eigentum des Königs ansah) – sondern weil der respublica selbst zu einer ordentlichen Einrichtung aller Hilfsmittel zur Verfügung stehen müssen. Von Bedeutung für unsere Auffassung, daß für ihn wie für Aristoteles[24] Autarkie als Selbstgenügsamkeit in dem tatsächlichen Sinne, »daß alles vorhanden ist und nichts vermißt wird«,

---

[20] *Evangelium und nationale Bewegung,* S. 72. – MAX HUBER hat besonders eindrücklich auf die soziologische Abhängigkeit des Souveränitätsbegriffes hingewiesen, aber nur im Sinne historischer Gleichläufigkeit, nicht begrifflichen Zusammenhangs. Vgl. *Gesellschaft und Humanität,* S. 56, 190.

[21] BODIN definiert: »L'état est un droit (lat. recta) gouvernement des plusiers mesnages et de ce que leur est commune avec puissance souveraine« De rep. I, 1. Daraus folgt nicht die JELLINEKsche Interpretation, daß für BODIN »jede gerechte Herrschaft über eine Vielheit von Haushaltungen, die mit souveräner ... Gewalt ausgestattet ist, einen Staat darstelle«, aaO. S. 412. Dafür sind für BODIN auch noch andere Voraussetzungen zu erfüllen.

[22] Zur allgemeinen Beurteilung Bodins vgl. E. FEIST, *Weltbild und Staatsidee bei J. Bodin,* Halle (1930); FRITZ RENZ, *Jean Bodin,* Ein Beitrag zur Geschichte der historischen Methode im 16. Jahrhundert (1905); RICHARD MAYR, *Die philosophische Geschichtsauffassung der Neuzeit* (1877) I, 69 ff.; F. J. C. HEARNSHAW, »Bodin and the Genesis of the doctrine of Sovereignty«, *Tudor Studies,* London (1924), pp. 109 ff. und M. A. SHEPARD, »Sovereignty at the Cross Roards: A Study of Bodin«, *American Political Science Quarterly 45* (1930), 580 ff.; alles andere überragt immer noch das große Werk BAUDRILLARTS, *Jean Bodin et son temps,* Paris (1853).

[23] *Politik I,* 3 (1253 b), Meiner (1948), S. 6.

[24] *Politik VII,* 5 (1326 b), Meiner, S. 248.

zu den Wesensvoraussetzungen eines souveränen Staates gehört, ist vor allem sein Verhältnis zur Geschichte. Recht und Staat sind für ihn geschichtlich-individuelle Größen. So gelangt er erstmalig dazu, auf den Zusammenhang zwischen Form und innerer Gesetzlichkeit des Staates hinzuweisen und, was »vor ihm noch kein Staatslehrer behandelt« habe, die individuelle Natur des betreffenden Volkes zum Ausgangspunkt seiner Untersuchung zu machen, welche er wieder zurückführt auf geographische und klimatische Unterschiede. Er ist der erste Geopolitiker der Neuzeit[25]. Das war aber erst möglich nach der Geburtsstunde des modernen nationalitätsbestimmten Staates, dessen erste vollkommene Ausprägung BODIN im Frankreich seiner Zeit vor Augen hatte. Mochte es Frankreich zur Zeit der Abfassung seines Hauptwerkes (1576) auch schlecht gehen, so war die Erinnerung an die große Zeit unter Franz I. doch noch ganz lebendig. Zudem einigte sich der Staat zwar auf den König hin, wurde aber schon von ganz anderen nationalen Kräften getragen[26].

Daß BODIN Souveränitätsrechte nur einem bestimmt eingerichteten konkreten Staat zuschreibt, läßt sich auch dem Kapitel V, 1 seines Hauptwerkes entnehmen, das einem neueren Historiker Anlaß gegeben hat, vom »Nationalismus« BODINS zu sprechen[27]. Nur Frankreich, England, Schottland, Dänemark, Polen, Moskau und Venedig bezeichnet er dort als seinerzeit souveräne Staaten, – es waren die im Prozeß der inneren Konsolidation am weitesten fortgeschrittenen[28].

Einen weiteren Anhalt ergibt schließlich die allgemeine Erwägung, daß das höchste von BODIN angestrebte Gut, die *contemplatio* als religiöse Versenkung[29], nur in einem Staate gewährleistet werden kann, der an die Stelle der im Leben herrschenden Unsicherheit und Willkür Stetigkeit, Sicherheit und Ordnung treten läßt. Dafür ist ein ge-

---

[25] MAULL, *Politische Geographie* (1925) S. 1 ff. – Die soziologischen und historischen Voraussetzungen der Staatslehre BODINS finden sich klarer als in der »Respublica« in der »Methodus ad facilem historiarum cognitionem« (1566). S. FRIEDRICH, aaO. LIX. Hier erklärt er die Verbindung von *solida philosophia* und *cognitio antiquitatis* für den Staats- und Rechtsgelehrten als unumgänglich notwendig.

[26] Vgl. HUIZINGA, *Wachstum und Formen des nationalen Bewußtseins im Bann der Geschichte,* Basel (1943), S. 131 ff.; KÄGI, »Die Entwicklung der Nationen«, in: *Historische Meditationen I,* Zürich (1942), S. 9 ff.; KAUFMANN, *Monarchisches Prinzip*, S. 10.

[27] J. W. ALLEN, *History of political thought in the Sixteenth Century,* S. 431 ff.

[28] Ihr Verhältnis zum Kaiser kann 1576 kaum noch als ausschlaggebendes Kriterium angesehen worden sein.

[29] FEIST, aaO. S. 80.

wisses Mindestmaß sozialer Unabhängigkeit Voraussetzung[30]. – Es erscheint somit als überaus wahrscheinlich, daß dem souveränen Staate BODINS materiell-wirtschaftliche Autarkie als Wesensvoraussetzung zukommt. Historisch ist der Souveränitätsbegriff nicht nur ein Ergebnis des erfolgreichen Kampfes des Königs gegen die anderen Gewalten im Sozialen, sondern ein Produkt des Zerfalls der abendländischen Einheit in individualisierte, unabhängige Staaten[31].

Ganz außer Frage steht das Autarkiemerkmal für die große politische Souveränitätstheorie des ALTHUSIUS[32]. ALTHUSIUS wollte die soziale Wirklichkeit und damit alles, »was für den Aufbau des politischen Ganzen wesentlich ist« (9) erkunden. Das könne nur der »Politiker«, dem es auch allein zustehe, zu lehren, welche Merkmale der höchsten Gewalt zukämen.

Er bezeichnet als Ziel des Zusammenlebens der Menschen »eine fromme, gerechte, schickliche und glückliche Lebensgemeinschaft, der es an keinem nötigen oder nützlichen Ding fehlt«, (Kap. 1 § 3, = S. 13). Dazu sei wechselseitige Teilnahme am Leben des Ganzen notwendig. Diese bewirke gemeinsame Güter, Obliegenheiten und Rechte, auf welchem Wege »eine sich selbst genügende Unabhängigkeit (im Original gr. Autarkia) der Gemeinschaft begründet« werde (Kap. 1 § 7, = S. 14). Für den Staat als allgemeinste und umfassendste Gemeinschaft (*universalis consociatios*) führt er das empirisch noch weiter aus. Er schreibt, er vereinige in sich Städte und Provinzen und verpflichte sie zur wechselseitigen Bereitstellung von Sachen und Diensten, »insbesondere zur Verfügungstellung von Menschen und Geldern zum Zwecke der Einrichtung, Erhaltung und Verteidigung des gemeinen Wesens«. Ohne solchen Beistand aufgrund der einander zugestandenen Rechte könnte ein »gottgefälliges und gerechtes Leben in der umfassenden politischen Lebensgemeinschaft weder gepflegt noch erhalten werden« (32). Die Autarkie soll nach ALTHUSIUS also

---

30 Unter dem Gesichtspunkt der für ein tugendhaftes Leben notwendigen Stabilität postuliert ja auch ARISTOTELES (aaO. VII, 4) eine Normgröße des Staates.

31 Vgl. HUBER, *Betrachtungen*, S. 105 f.; POLLOCK, *Introduction to the History of the Science of Politics*, S. 47, zit. REHM, S. 221, Anm. 3, sagt zu BODINS Souveränitätsbegriff: »This power somewhere is necessary to an independent State and its presence is the test of national independence«. – Im völkerrechtlichen Begriff der Unabhängigkeit des souveränen Staates erhielten sich immer einige Autarkie-Momente.

32 *Politica methodice digesta* (1603). Vgl. oben S. 82 Anm. 18. Die Seitenzahlen zitieren wir nach der Auswahl in der Reihe *Deutsches Rechtsdenken*, Heft 3, Frankfurt (1948): Die Kapitel beziehen sich auf die FRIEDRICHsche Ausgabe. Wichtig vor allem Kap. 32 §§ 70, 71.

durch Zusammenarbeit und Lastenübernahme für das gemeine Beste gesichert werden. Voraussetzung und Ziel eines ordentlich eingerichteten Staates ist sie ihm ohne Zweifel.

Auch für HUGO GROTIUS, den Begründer des modernen Völkerrechts, waren autarker und souveräner Staat Synonyma. GROTIUS gehörte einem Staate an, der in vieler Beziehung das im 17. Jahrhundert führende Land Europas darstellte. Der erfolgreiche Befreiungskrieg der Niederländer gegen die Spanier im vergangenen Jahrhundert war neben dem Sieg der Schweizer gegen Burgund einer der Marksteine in der Entwicklung des modernen Staatensystems gewesen, der erste große Erfolg der nationalen Idee gegen die universale Monarchie. Im 17. Jahrhundert waren die Niederländer führend in der Entwicklung neuer Handelsmethoden und freiheitlicher Regierungsformen. Wenn GROTIUS trotzdem diesen so selbständig gewordenen Staat in die großgedachte Völkerrechtsgemeinschaft des Abendlandes einordnete, so fand damit der Nationalstaatsgedanke seine rechtliche Legitimation[33]. Die Nation bekam eine ethische, ja metaphysische Bedeutung.

Aber daneben werden realere Vorstellungen für ihn mit maßgebend gewesen sein. Sein Hauptwerk *De jure belli ac pacis* schrieb er 1625 in Paris, also am Ort der Frühblüte des merkantilistischen Staates. Dieser merkantilistische Staat, der wie kein anderer in der neueren Geschichte wirtschaftliche Autarkie zum Ziel der ganzen Staatspolitik gemacht hatte, wird von GROTIUS als normale Form des Staates vorausgesetzt worden sein. So wird er, wenn in seiner Begriffsbestimmung Autarkie als wesentliches Moment des Staates enthalte ist, nicht nur »von dem Zauber antiker Begriffsbestimmungen beherrscht« worden sein[34], sondern eine sinnvolle Vorstellung damit verbunden haben. Denn der *coitus perfectus liberorum hominum*[35] ist nichts anderes, als die *koinonia autarkes* des Aristoteles[36]. Zwar ist bei ihm alles mehr ins Ideelle verlegt, aber es kann auch nicht nur auf Gerechtigkeitserwägungen beruhen, wenn er das Recht über Krieg und Frieden so sehr zum Kriterium der Völkerrechtssubjektivität macht[37], wie er es tut. Nur wo man Staaten vor Augen hat, die von diesem Recht unter Umständen auch Gebrauch zu machen verstehen, kann dies Recht eine sinnvolle Begriffsbestimmung des souveränen Staates sein. Davon

---

[33] So ERICH WOLF, *Große Rechtsdenker*, 2. Aufl. (1944), S. 274.
[34] So JELLINEK, *Allgemeine Staatslehre*, S. 397.
[35] AaO. I, 1, § 14.
[36] So JELLINEK, aaO. S. 397.
[37] AaO. I, 3, § 6, 1 und 2.

Gebrauch machen kann aber nur ein relativ autarker Staat, der entweder über alle Kriegsmittel selbst verfügt, oder wenigstens seine Zubringerwege zu schützen weiß[38]. Das spätere Vernunftsnaturrecht mit seiner Unterschätzung der geschichtlichen Tatsachen und auch die vom deutschen Idealismus beeinflußte Literatur hat auf das Merkmal der soziologischen Autarkie des Staates keinen Wert mehr gelegt[39]. Für die seit GERBER herrschende rein juristische Staatsrechtslehre waren solche empirischen Zusätze ohne Interesse und so gehört es auch bis heute zum ersten Lehrsatz des Völkerrechts, daß Souveränität des Staates mit seiner sozialen Unabhängigkeit nichts zu tun habe. Nur bei HAENEL findet sich noch, daß Selbstgenügsamkeit »dem Berufe des Staates« entspreche. »Die Summe der Macht und Rechtsmittel, welche die Erfüllung seines Berufes bedinge«, mußten ihm »in logischer und praktischer Folgerichtigkeit zu Gebote stehen«[40]. In der Tat glauben wir, daß der »Beruf« des modernen souveränen Staates durch nichts stärker in Frage gestellt ist als durch den Verlust seiner Autarkie. Ist es letzten Endes doch eine reine Tatfrage, ob ein Staat in einer bestimmten Situation die Möglichkeit hat, sein Recht und seine Existenz zu verteidigen[41]. Wie verhängnisvoll sich der rein juristische, von aller sozialen Wirklichkeit abstrahierte, seit dem Ende der Naturrechtsepoche herrschende Souveränitätsbegriff ausgewirkt hat, zeigen die politischen Lösungsversuche am Ende beider Weltkriege. Denn es ist für das Problem der Souveränität des Staates von größter Bedeutung, daß der 1. Weltkrieg im gleichen Zeitpunkt begann, als die erste Großmacht ihre Autarkie verlor. MAX HUBER[42] hat auf die eigentümliche Erscheinung aufmerksam gemacht, daß sich die *rechtliche* Struktur der Staatenwelt trotz der geistigen und politischen Umwälzungen des ausgehenden 18. und 19. Jahrhunderts bis zur Gründung des Völkerbundes kaum geändert hat. Die französische Revolution, die nationale Bewegung, die Emanzipation des amerikanischen Kontinents, die Lösung der asiatischen Mächte aus ihren traditionellen

---

[38] Es erhellt, daß die Notwendigkeit, Handel zu treiben, oder die Abhängigkeit von auswärtigen Zufuhren kein Kriterium für Autarkie oder Nichtautarkie zu sein braucht. Ein von Seezufuhren völlig abhängiges Land kann doch autark sein, wenn es eine Flotte besitzt, die seine Zufahrtswege schützt. Auch GROTIUS Lehre vom *mare liberum* steht in diesem Zusammenhang.

[39] Mit der schroffen Ausnahme von Fichtes »Geschlossenem Handelsstaat«.

[40] *Deutsches Staatsrecht I,* S. 113.

[41] MAX HUBER, *Betrachtungen,* S. 73.

[42] Ebd. S. 106.

Formen, vor allem die gewaltige wirtschaftliche Umwälzung, welche die Technik in den letzten 150 Jahre bewirkte, das alles ist an der rechtlichen Struktur der Staatenwelt und am System des Völkerrechts spurlos vorübergegangen. Die Ansichten des HUGO GROTIUS können auch heute noch von internationalen Gerichten als Entscheidungsgrundlage verwertet werden[43]. Dieser konservative Charakter des Völkerrechts kann nicht damit erklärt werden, daß für das 19. Jahrhundert das Christentum noch eine universale verpflichtende Tatsache gewesen ist[44]. Die Staatspolitik ist seit dem 15. Jahrhundert durch und durch säkularisiert[45]. Entscheidend sind vielmehr die großen Ergänzungsmöglichkeiten, die sich im 19. Jahrhundert den wirtschaftlich immer mehr vom Rohstoffimport abhängiger werdenden Staaten anboten. So konnte die Autarkie trotz stärkster wirtschaftlicher Verflechtung der Staaten durch Erschließung kolonialer Gebiete, Auswanderungsmöglichkeiten für die überschüssige Bevölkerung, Intensivierung der heimischen Produktivkräfte, vor allem aber durch einen im Schutz der englischen Seemacht sich ungestört abwickelnden freien Welthandel bis zum Beginne dieses Jahrhunderts gewährleistet werden. Schutzzölle waren ein erstes Anzeichen für die Brüchigkeit dieses kunstvollen Systems. Das erste »Volk ohne Raum«, d.h. ohne gesicherte Autarkie, gab den Anstoß zu seinem Zusammenbruch.

Die Versailler Friedenskonferenz, die die Aufgabe hatte, die Grundlagen des Völkerlebens nach dem 1. Weltkriege wieder herzustellen, hat diese so offenkundigen Zusammenhänge zwischen Souveränität und Autarkie, Recht, Staatenstruktur und Wirtschaft ignoriert. In der Rückkehr zu den »normalen« Verhältnissen der Vorkriegszeit glaubte man die beste Gewähr für eine ruhige Zukunft zu sehen[46]. In seiner berühmten Kritik des Versailler Vertrages sah JOHN M. KEYNES[47] denn auch in dem Mangel aller Bestimmungen zur wirtschaftlichen Wiederherstellung Europas wie auch zur Wiederaufnahme der Wirtschaftsbindungen zwischen den Alliierten selbst eines der größten Versäumnisse der Friedensmacher von 1919.

---

[43] BRIERLY, *The Law of Nations,* Oxford (1942), S. 25.

[44] Vgl. BRUNNER, *Gerechtigkeit,* S. 279; DERS., aber (1934) (*Festschrift für Max Huber*, S. 249) »Die romantische Idee, eines frühen ›christlichen Europas‹ beruht sicherlich auf einer optischen Täuschung des Rückwärtsschauens«.

[45] So HUBER, *Betrachtungen,* S. 106.

[46] E. H. CARR, *Die Grundlagen eines dauernden Friedens,* Zürich (1943); DERS., *The Twenty Years Crisis:* 1919–1939, London (1946).

[47] *Die wirtschaftlichen Folgen des Friedensvertrages*, München und Leipzig (1920), S. 184 ff.

Eine klare Vorstellung der Zusammenhänge von wirtschaftlicher Autarkie und nationaler Souveränität besaßen dagegen die faschistischen Führer Deutschlands und Italiens. Auch dem konkreten Ordnungs- und Großraum-Denken CARL SCHMITTS und seiner Schüler waren diese Zusammenhänge Selbstverständlichkeit. Autarke Großräume zu schaffen, die sich gegen Interventionen »raumfremder Mächte« schützen können, war das Leitbild dieses politischen Denkens[48]. War schon der Imperialismus des 19. Jahrhunderts ein überaus fragwürdiger Versuch, die soziale Unabhängigkeit zu bewahren[49], so haben die Ergebnisse des von diesen Ideen geleiteten Handelns gezeigt, daß nationale Autarkie nur noch um den Preis zynischer Leugnung des Eigenrechts anderer Völker zu gewinnen ist. Das Streben nach ihr ist nicht mehr »wohlverstandener Egoismus« im Sinne des 19. Jahrhunderts, sondern eine untragbare Gefährdung des friedlichen Zusammenlebens der Völker. Nur gegenseitige Ergänzung und Zusammenarbeit (wie sie der Marshall-Plan in großem Rahmen vorsah), nicht aber nationale Autarkie, kann die Möglichkeit der Zukunft sein.

Wenn es so ist, daß Souveränität und Autarkie dem modernen Staate zugeordnete Wechselbegriffe sind, so wäre es also nur logisch, mit dem Wegfall des einen auch den anderen preiszugeben. Ob es auch sachlich richtig wäre, kann nur eine weitere Betrachtung zeigen.

III. Wertbestimmte Individualität (»Einheit«) als Voraussetzung des souveränen Staates

Alles tiefere Denken vom Staat hat in ihm stets mehr als eine bloße Rechtssicherungsorganisation gesehen. Wir finden ihn immer als weiteste gesellschaftliche Einheit aufgefaßt, in der das gesamte menschliche Kulturleben zur Entfaltung kommen kann. Auch dies steht im engsten Zusammenhang mit dem Problem der Souveränität. Nur ein Staat, der bei aller Vielheit, die er billigt und voraussetzt, dennoch in einem bestimmten Sinne »einer« ist, ist ein »wahrer«, souveräner Staat.

---

48 Vgl. CARL SCHMITT, *Völkerrechtliche Großraumordnung mit Interventionsverbot für raumfremde Mächte.* Ein Beitrag zum Reichsbegriff (1939).

49 Vgl. HUBER, *Gesellschaft und Humanität,* S. 120, 125 f.

Er kann nicht sein ohne »geistige Grundlagen«, die ihn in seiner Individualität bestimmen und rechtfertigen[50].

So soll der Staat für PLATO von einheitlichem, sittlichem Geiste erfüllt sein. Kein größeres Übel gäbe es für ihn, als dasjenige, welches ihn zerreißt und ihn zur Vielheit macht, anstatt zur Einheit. Kein größeres Gut als das, welches ihn eng verbindet und zu *einem* macht[51]. Die Wächter sollen dafür sorgen, daß die Politeia weder zu klein noch zu groß sei, sondern »eine zulängliche und *eine*«[52]. Der Fehler der Oligarchie sei, »daß ein solcher Staat nicht *einer* ist, sondern zwei. Ein Staat der Armen und ein Staat der Reichen, in dem Arme und Reiche, den Wohnplatz miteinander teilend, beständig widereinander im Anschlag liegen«[53]. Auch für ARISTOTELES soll trotz der Kritik, die er am übertriebenen Einheitsdenken seines Lehrers übt[54], der Staat eine Einheit sein. Vorausgesetzt wird von ihm wie von PLATO die eine Polis mit ihren eigenen Göttern, Gütern und Aufgaben, in der »alles vorhanden ist und nichts vermißt wird«[55] und der zu dienen vornehmster Lebenssinn ist. Sie soll auch für ihn alles in sich bergen, was nicht nur des Lebens Notdurft befriedigt, sondern auch, was es dem Menschen wert und teuer macht. Für eine dieser antiken voll vergleichbaren Auffassung des Staates fehlte in einer christlichen Welt jeder Boden. Wo das Wort galt: »Gebet dem Kaiser, was des Kaisers, und Gott, was Gottes ist«, mußte sowohl der »Wert« wie die »Einheit« eines Staates in anderem Lichte gesehen werden. Den weltlichen Staat als absoluten Eigenwert zu sehen, ist fortan Sünde[56].

Gelang dem römisch-deutschen Imperium die grandiose Überwölbung der aufgerissenen Kluft, so mußten die im Auflösungsprozeß der abendländischen Reichseinheit sich bildenden modernen Staaten, wollten sie Bestand haben, in irgendeiner Form ein Minimum an wertbestimmter Einheit zu verwirklichen suchen. Ihr Konsolidations-

---

[50] Zum ganzen Herbert KRÜGER, *Die geistigen Grundlagen des Staates*, Stuttgart und Berlin (1940); vgl. auch HUBER, aaO. S. 314: »Ein Staat kann nur leben, wenn er eine Individualität hat«.

[51] *Politik V*, 462 a, Meiner, S. 195.

[52] *Politik IV*, 423, Meiner, S. 138.

[53] *Politik VIII*, 55 ld, Meiner, S. 322.

[54] Im 2. Buch der Politik.

[55] *Politik VII*, 5, Meiner, S. 248.

[56] Über Souveränität und die moderne Freiheitsreservatio des Einzelnen vgl. LANDSHUT, *Arch.f.Soz.Wiss. 54* (1925), S. 47. Eine große Kritik des Einheitsdenkens der antiken Staatslehre gibt POPPER, *The open society and its enemies*, vol. I, London (1949).

prozeß ist denn auch überall zugleich ein wertbestimmter Individualisationsprozeß. Denn wertbestimmte Individualität ist für jeden Staat, der nicht nur auf die Macht gegründet sein will, eine Lebensvoraussetzung, da ihn die bloße Rechtssicherungsfunktion niemals historisch legitimieren kann.

Allerdings verläuft die Entwicklung nicht widerspruchslos. Der gleiche Staat, der um die souveräne Einheit kämpfen muß, muß im Interesse gerade dieser Einheit auf religiösem Gebiet mehr und mehr neutral werden[57]. Die großen Autoren des Souveränitätsproblems legen sämtlich Zeugnis ab für diese gebrochene, in den verschiedenen europäischen Staaten sehr unterschiedlich verlaufene Entwicklungslinie. BODIN kann nur dem König die Majestätsrechte zuschreiben, da er allein mit Aussicht auf Erfolg die gefährdete Einheit des Staates sichern kann[58]. Aber wenn Souverän auch sein soll »qui post DEUM immortalem se ipso majorem videt neminem«[59], so muß der Hugenotte doch zugleich in seinem letzten Werk der das Gewissen bedrängenden weltlichen Macht die Grenzen weisen und von ihr Toleranz in Glaubenssachen fordern[60]. Andrerseits muß er aber gerade um dieser Toleranz willen auch eine souveräne irdische Macht fordern, da nur sie als auf dieser Erde absolute, unabhängig von Kirche und Theologie, religiöse Toleranz erzwingen konnte[61].

Trotz dieser Beschränkung nimmt das dem diesseitigen Staat für BODIN aber nicht den höheren Sinn. Als Reformierter weiß er Weltfrömmigkeit und Diesseitsbejahung mit der Auffassung des Staates als Mittel zur Erfüllung göttlicher Gebote zu verbinden[62]. Und so ist der Staat für ihn – mit einem Schuß antiken Lebensgefühls – eine lebendige Einheit der Mannigfaltigkeit menschlicher Lebensmöglichkeiten[63]. Von seinem »Nationalismus« und seinem Gefühl für die Individualität der modernen Staaten war die Rede. »Ad verum decus et honestatem« soll die *respublica bene instituta* trachten, die für ihn mehr ist

---

57 Dazu CARL SCHMITT, »Das Zeitalter der Neutralisierungen und Entpolitisierungen«, in: *Der Begriff des Politischen,* München (1931).

58 Wenngleich für ihn theoretisch Volk wie Fürst als Souveränitätssubjekt in Betracht kommen können.

59 *Republ.* I, 10.

60 *Heptaplomeres,* passim.

61 Vgl. HELLER, *Souveränität,* S. 16 f.

62 FEIST, aaO. S. 81. Zum folgenden auch A. SCHMITZ, »Staat und Kirche bei Jean Bodin«, *Göttinger juristische Dissertation* (1938), insbes. S. 12 ff.

63 FEIST, aaO. S. 23, 44.

als eine bloße Notinstitution. Die Ausgestaltung des Gemeinschaftslebens in und durch den Staat entspricht für ihn dem Wesen der menschlichen Natur: ihrem Verlangen nach Befriedigung materieller Bedürfnisse und Betätigung ihrer physischen Anlagen als Gemeinschaftswesen[64]. Selbst mit der Anerkennung des Weltstaatsgedankens verbindet er die Rechtfertigung der souveränen, staatlich-individuellen Einheit. Denn nach göttlicher Vorsehung seien die materiellen Güter zweckmäßig verteilt und auch die geistigen Fähigkeiten der Völker ergänzten sich sinnvoll. Diese Tatsache der sich ergänzenden Verschiedenheiten der einzelnen Völker führt ihn zur Forderung einer starken nationalen Ausprägung der Staaten[65].

Auch ALTHUSIUS ist – wie GROTIUS und BODIN – Reformierter. Seine ganze politische Lehre bekommt von hier aus ihren großen Schwung. Dynastie und Nationalität sind für den Syndikus der Stadt Emden keine entscheidenden Faktoren der staatlichen Individualisation. Es ist der Begriff der Souveränität selbst, in dem sich der Einheitsgedanke für ihn verdichtet. Er sagt von der höchsten Gewalt des politischen Ganzen, »Sie ist sein Lebensodem, sein Herz und Geist. Durch seine höchste Gewalt lebt das politische Ganze und geht ohne sie zugrunde oder ist des Namens einer politischen Ganzheit unwert« (Kap. 25 § 2 = aaO. S. 10). Das Souveränitätsrecht des Staates entfaltet sich ihm als »Inbegriff aller guten Ordnung, festen Zucht, herrschaftlichen Gewalt und Sicherheit der umfassendsten politischen Gemeinschaft. Es hat die Aufgabe und den Zweck, die Handlungen der einzelnen korporativen Glieder des Staates so zu lenken, wie es das allgemeine Wohl fordert«. Ohne daß von besonderen Individualisierungsfaktoren bei ihm viel die Rede wäre, spiegelt seine Lehre doch eine durch und durch »konkrete« Auffassung des Staates wider. Die Einheit jedes Staates wird als etwas Besonderes aufgefaßt und jeder Mensch wird von dem Geist der Gemeinschaft, in die er hineingestellt ist, mitgeformt und mitgetragen[66]. Darum soll er sie lieben und pflegen. Nur

---

[64] FEIST, aaO. S. 80.

[65] FEIST, aaO. S. 81.

[66] Die Ursachen dieses konkreten Staatsdenkens werden im Vorwiegen der der alttestamentlichen vor der neutestamentlichen Unterweisung mit zu suchen sein. Das Alte Testament lehrt die Pflichten des konkret auserwählten Volkes und ist in diesem Sinne »kollektivistisch«. Auch BODIN zeigt eine ausgesprochene Vorleibe für den jüdischen Glauben und entnimmt seine Beispiele fast nur dem Alten Testament. Vgl. BAUDRILLART, S. 251.

wenn er das tue, würde er »gleichsam vorwärtsgestoßen, bilden sich seine tätigen Kräfte und sittlichen Tugenden aus« (aaO. S. 14).

Daß GROTIUS vom national geeinten Staate ausgeht, wurde oben erwähnt. Eine auf solche Weise begründete staatliche Gemeinschaft erscheint ihm als Vorbild des Gemeinschaftslebens überhaupt[67]. Dabei hat für ihn die Völkerrechtsgemeinschaft einen ähnlichen Sinn wie für BODIN der Weltstaat: Die Staaten sollen in ihr ihre Individualität entfalten. Das bedingt nicht Abschließung. Der Gedanke der »völkerrechtlichen« Souveränität im modernen Sinne als Unabhängigkeitsanspruch ist ihm noch ganz fremd[68].

---

[67] WOLF, aaO. S. 274.

[68] Der völkerrechtliche Begriff der Souveränität geht auf HEGEL zurück. Er ist ein besonderes Hemmnis für eine Ganzheitsbetrachtung des Souveränitätsproblems. Bei HEGEL (*Rechtsphilosophie*, § 322) erscheint die Souveränität im Verhältnis zu anderen Staaten »deren jeder selbständig gegen die anderen ist«. In dieser Selbständigkeit liege die »erste Freiheit und die höchste Ehre eines Volkes«. Da für ihn der Staatswille Grundlage und Träger des Rechts ist (aaO. § 258), dieser Wille als höchstes Gesetz aber nur das eigene Wohl anerkennt, können auch die Verträge mit anderen Staaten nur so lange gelten, als sie jenem Gesetze entsprechen (aaO. § 336). Daher ist für ihn »das Verhältnis von Staaten« zueinander »das von Selbständigkeiten, die zwischen sich stipulieren, aber zugleich über diesen Stipulationen stehen« (aaO., *Zusätze*, Punkt 191 zu § 330).

Daraus wird schon bei PÜTTER, »Souveränität als Princip des Practischen europäischen Völkerrechts«, *ZfgesStW 6* (1849), S. 299 ff., »das eigentümliche Wesen des Völkerrechts«, das darin bestehe, »daß sich der Staatswille in seinem Verhalten zu anderen Völkern mit vollkommener Freiheit selbst bestimmt«. Dem folgt die Lehre mit der Auffassung der »völkerrechtlichen Souveränität« als Anspruch auf Unabhängigkeit und ausschließliche Selbstbestimmung.

Das Richtigere traf sicher auch hier HAENEL (*Deutsches Staatsrecht I*, 118), wenn er Souveränität ausschließlich als Begriff des Staatsrecht auffaßte und die sogenannte völkerrechtliche Souveränität nur als Ausdruck dafür, daß die staatsrechtliche Souveränität eine doppelte Bedeutung für das Völkerrecht hat. Denn sie ist erstens Voraussetzung für die Rechtssubjektivität in der Völkerrechtsgemeinschaft. Nur ein souveräner Staat hat volle Rechtsfähigkeit im Völkerrecht. Das ist auch billig, denn nur er ist ein sicherer Vertragspartner. Es entspricht in ähnlicher Form dem Verkehrsschutz, wie dem Schutz des nicht souveränen Staates, wie die beschränkte Geschäftsfähigkeit eines Minderjährigen. Die Interessenlage ist – so paradox es klingen mag – eine ganz ähnliche. Einem Staat, der für die Erfüllung alter wie neu abzuschließender Verbindlichkeiten nicht einstehen kann, wie Deutschland wohl noch heute, ist mit der vollen Rechtsfähigkeit gar nicht gedient.

Die zweite Auswirkung der staatsrechtlichen Souveränität im Völkerrecht sah HAENEL darin, daß »jeder Staat FÜR SICH [Sperrung von HAENEL] souverän ist, d.h. daß er jede Souveränität *eines anderen Staates* ÜBER SICH negiert«. – Das Problem soll hier nicht weiter ausgeführt werden – vgl. oben S. 8 –, aber mehr kann man der »völkerrechtlichen« Souveränität auch nicht abgewinnen. Mit ihr sind vereinbar nicht nur die allgemeinen rechtlichen Beschränkungen, welche die Rechts-

In der geschichtlichen Wirklichkeit ist der dynastische Absolutismus für lange Zeit als eigentlicher Hüter der staatlichen Einheit anzusprechen. Die zentralistische Bürokratie wird zum Rückgrat der modernen Staaten. Aber eine gewaltige Änderung vollzog sich für das Einheitsproblem mit dem Übergang von der Fürsten- zur Volkssouveränität. Es wird viel empfindlicher. Wenn – typisch – nicht mehr die Person und Macht des Souveräns, sondern der freie Wille des Volkes in letzter Instanz die Einheit garantiert, so war eine Zersetzung der Nation in sich bekämpfende Klassen und Parteien eine ungleich größere Gefahr. Die Integrationsfaktoren mußten viel subtiler, mehr im Bereich der Idealität liegender Natur sein, als es die handfesteren soziologischen Realitäten der dem Fürsten dienenden Beamtenschaft und seines Militärs gewesen waren. Die labile soziale Homogenität wurde zu einem wichtigen Gradmesser der Einheit auch im Geistigen.

In Deutschland ist dies im 19. Jahrhundert noch nicht so aktuell. Zwar ist der Klassenkampf seit der Mitte des Jahrhunderts eine Realität. Doch sind die obrigkeits- und wohlfahrtsstaatlichen Traditionen hier so stark, daß er für die Einheit des Staates noch keine unmittelbare Gefahr bedeutete. Die spezifisch deutsche Gefährdung der staatlichen Einheit scheint vielmehr für eine lange Epoche in der nicht zu romantisierenden Trennung von »Staats- und Kulturnation«[69] zu liegen. Da sich das deutsche Bürgertum den Staat nicht erkämpfen

---

ordnung des Völkerrechts notwendig für die Staaten in sich schließt, sondern auch die im Völkerrecht begründeten obligatorischen Bindungen, sei es aufgrund mehrseitiger oder zweiseitiger Abmachungen. Die viel erörterte Frage, ob vertragliche Bindungen mit der Souveränität zu vereinbaren seien, ist nur ein rationalistisches oder nationalistisches Scheinproblem. Keinem Menschen wird es einfallen, von sich zu sagen, er habe seine »Freiheit« verloren, weil er sich in geschäftliche Beziehungen einläßt. Hier ist es nicht anders. Beschränkungen und Verpflichtungen gehören so sehr auch zum Wesen der internationalen Beziehungen und des sie regelnden Völkerrechts wie zum sozialen Leben überhaupt.

Es läßt sich zeigen, daß überall dort, wo die Souveränität im Völkerrecht eine Rolle spielt, es sich stets um Auswirkungen der staatsrechtlichen Souveränität handelt. So z.B. bei der Abgrenzung des *domaine réservé* und der Anerkennung neuer Staaten. Eine »Funktion«, die es gerechtfertigt hätte, ihn im System des Völkerrechts einen so hohen Rang einnehmen zu lassen, hat der Souveränitätsbegriff nie gehabt. Vielmehr ist er eins der verhängnisvollsten Ergebnisse des »staatsindividualistischen« (HUBER) Völkerrechts. – Wie klingt gegen diesen Unabhängigkeitsanspruch MONTESQUIEUS Grundprinzip des Völkerrechts: »... que les diverses nations, doivent s'faire, dans la paix, le plus de bien, et dans la guerre, le moins de mal qu'il est possible, sans nuire a leurs véritables intérêts«. Zit. SCHINDLER, *Nachlaß*, aaO. S. 240.

[69] MEINECKE, *Weltbürgertum und Nationalstaat*, 7. Aufl. (1928), S. 3.

konnte, blieb ihm einerseits die Möglichkeit zu tätiger politischer Selbstgestaltung versagt – ein unpolitischer Kulturästhetizismus paarte sich mit gleich unpolitischer Machtanbetung –, andererseits degradierte die schroffe Trennung von Staat und Gesellschaft den Staat zum bloßen Rechtssicherungsorganismus, den man beliebig austauschen kann. Damit wird aber der Eigenwert des Politischen negiert, was immer mit dem Verlust der staatsbürgerlichen Freiheit und einer Verleugnung der sozialen Verantwortung gekoppelt sein muß. Und doch sind wohl selten so viele tiefe Einsichten über das Problem der Einheit des Staates ausgesprochen worden wie in der Frühzeit dieser Entwicklung, im Zeitalter des deutschen Idealismus.

HEGELS Umschreibung der Souveränität ist der des ALTHUSIUS nicht unähnlich. Gibt doch HEGEL nach antikem Vorbild die abstrakte Trennung von Staatsrecht und Politik, als der Erkenntnis der wahren Allgemeinheit des Staates hinderlich, auf[70]. Daß »die besonderen Kräfte und Gewalten des Staates, weder für sich, noch in dem besonderen Willen von Individuen selbständig und fest sind, sondern in der Einheit des Staates als ihrem einfachen Selbst ihre letzten Wurzeln haben«, mache die Souveränität des Staates aus. Die Idee der Souveränität sei »dieselbe Bestimmung, nach welcher im animalischen Organismus die sogenannten Theile desselben nicht Theile, sondern Glieder, organische Momente sind und deren Isoliren und Für-sich-bestehen die Krankheit ist«[71]. Die Souveränität macht für ihn »die Individualität, als ausschließliches Für-sich-seyn« der Staaten aus[72]. Sie ist für ihn das große Band, das die Teile zu einer sinnvollen Einheit zusammenschließt.

Autarkie, Individualität und Einheit der Staaten, all diese Probleme finden sich bei RANKE in vollendeter Gemeinsamkeit. All die Staaten, die in der Welt zählen und etwas bedeuten, seien erfüllt von besonde-

---

[70] In diesem Sinne EDUARD GANS im Vorwort zur »Rechtsphilosophie« (*Glocknersche Jubiläumsausgabe*, Band 7, Stuttgart [1928], S. 3) gegen die »Abtheilungen und Unterscheidungen« von »Politik als sozusagen mehr die Physiologie des Staates ... und Staatsrecht als anatomisches Skelett der Staatsformen, aus denen das Leben und die Bewegung gewichen, und das, wie es nun einmal da liegt, durch Betastung zu erkennen und dem Gedächtnis einzuverleiben ist«. Wo der Staat das ganze Leben der Freiheit sei, so daß das Außerstaatliche nur als Barbarei erscheine, könnten jene Unterscheidungen nur inwendig, nicht aber als ganz besondere Theile und Betrachtungsweisen vorkommen.

[71] *Rechtsphilosophie,* § 278.

[72] *Rechtsphilosophie,* § 322. Die Gefahr der Überspitzung darf in diesen Sätzen natürlich nicht übersehen werden. Vgl. zu HEGEL auch POPPER, aaO. Vol. II.

ren, ihnen eigenen Tendenzen. »Es würde lächerlich sein, sie für ebenso viele Sicherheitsanstalten für die Individuen, die sich zusammengetan, … zu erklären«. Jeder selbständige Staat habe sein eigenes ursprüngliches Leben, das auch seine Stadien habe und zugrundegehen könne, wie alles, was lebe, »aber zunächst seinen ganzen Umkreis erfüllt und beherrscht und mit keinem anderen gleich ist … Individualitäten, eine der anderen analog – aber wesentlich unabhängig voneinander«[73]. So sind ihm auch die Einteilungen nach formal-juristischen Verfassungsarten nur »Klassifikationen, wie in der Botanik … Glaubst du, daß ein Liebhaber seine Blumen an den Staubfäden erkennt?« … »Es gibt etwas, wodurch jeder Staat nicht eine Abteilung des Allgemeinen, sondern wodurch er Leben ist, Individuum, er selbst«[74]. Erst in der Ausführung erhalte ein Institut, eine Form, geistige Realität, dann aber würden auch sofort die Unterschiede hervortreten.

Es ist von »Weltbürgertum« und einem individualistisch gedachten »Nationalstaat« gleich weit entfernt, wenn er die Staaten auffaßt als »geistige Wesenheiten, originale Schöpfungen des Menschengeistes – man darf sagen, Gedanken Gottes«[75].

Kaum ein Mensch hat eine lebendigere Vorstellung gehabt von der wirklichen Gemeinschaft der abendländischen Völker. »Die Welt … ist eingenommen« – heißt es einmal in dem großen Gespräch. In ihr, die die Mannigfaltigkeit fordert, kann ein Staat erst entwickeln, was er der größeren Gemeinschaft zurückzugeben vermag. Aber er kann es wie der Mensch[76] nicht im allgemeinen, sondern nur im besonderen[77].

---

[73] L. v. RANKE, »Das politische Gespräch und andere Schriftchen zur Wissenschaftslehre«, Halle (1925), = *Philosophie und Geisteswissenschaft*, Bd. 1, S. 25.

[74] AaO. S. 19.

[75] AaO. S. 25.

[76] Hierher gehört HERDERS: »Unmöglich kann der Mensch als wie Meeresschleim mit allem zusammenfließen, unmöglich alles in gleichem Maße lieben. Er schadet damit dem Guten so sehr als dem Bösen und verliert zuletzt ganz sein Urteil und seinen Standpunkt«. Zit. nach HELLER, *Soz. und Nation*, S. 14.

[77] RANKES Geschichtsschreibung, die so sehr Geschichte diplomatischer Aktionen ist, zeigt, wie sich auf diesem Gebiet Individualisierung und Vergemeinschaftung der Staaten in eins begegnen. Die individuelle Einheit des in sich geschlossenen Staates ist für RANKE kein Widerspruch zu seiner Einfügung in die Weite der Völkergemeinschaft.

Es ist eigentümlich, daß die moderne Völkerrechtsliteratur die Völkercourteoisie nur noch als mehr oder weniger unbeachtlichen politischen Anhang des Rechts

Das spätere 19. Jahrhundert hat in Deutschland diesem vollen und ursprünglichen Staatsdenken nichts Gleichwertiges mehr entgegenzusetzen[78]. Es ließen sich zwar noch manche Bemerkungen zur Idee der Einheit des Staates zusammentragen. So umfaßt für STAHL[79] die Wirksamkeit des Staates die Totalität des menschlichen Gemeinlebens, und bei den »politischen Historikern« finden sich viele ähnliche Gedanken. Doch schon GNEIST ist voller Skepsis. Er sieht, wie Staat und Recht am schrankenlosen Individualismus der Zeit zu zerbrechen drohen und beklagt den »Indifferentismus der Gesellschaft« bei allen großen Streitfragen[80]. »Mit dem Widerstreit gesellschaftlicher Grundordnungen« scheine der Sinn für öffentliches Recht in einer Nation zu erlöschen.

Denn muß man den nationalen Charakter des Christentums als ersten, so muß man in einer nicht nur deutschen Betrachtung doch die moderne Klassenspaltung als zweiten großen Auflösungsfaktor der staatlichen Einheit ansprechen. Strafft und verflechtet der Hochkapitalismus auch die Staaten in einem in früheren Zeiten völlig unbekannten Ausmaß, so gefährdet er doch zugleich die tieferen Bande der Völkergemeinschaft und die Einheit der Staaten selbst. Denn Nationalismus ist verstehbar als typische Komplementär-Ideologie dieser Aushöhlung der Einheit der Nation, die mit einer allgemeinen Uniformierung der Staaten Hand in Hand geht. Er ist aber auch ein Ausdruck dafür, daß der Mensch die Einheit und Besonderheit seiner Nation will und vielleicht auch braucht, um bereit zu sein, ihr zu dienen.

Das führt zu einem letzten Problemkreis, der dem vorhergegangenen unmittelbar zugeordnet und nur mit ihm zusammen eine Antwort auf das Problem der Souveränität erlaubt. Wie jedes tiefere Problem des Staates ist auch das der Souveränität ein solches der politischen Ethik, der Staatsgesinnung.

---

der souveränen Staaten behandelt. Hier liegen aber inhaltliche Momente der »völkerrechtlichen« Souveränität, soweit man von ihr sprechen kann. FELIX STOERKS Abhandlung »Völkerrecht und Völkercourteoisie«, *Festschrift für Laband, I* (1908), S. 127 ff., ist die letzte Arbeit größeren Ausmaßes zu diesem Thema.

[78] Zu diesem Niedergang SMEND, *Politisches Erlebnis und Staatsdenken seit dem 18. Jahrhundert,* Göttingen (1943) und HANS MAYER, *Karl Marx und das Elend des Geistes,* Meisenheim (1948), S. 48 ff.

[79] STAHL, *Philosophie des Rechts,* II, S. 150.

[80] *Der Rechtsstaat und die Verwaltungsgerichte in Deutschland,* Berlin (1879), S. 237.

IV. Aktive staatsbürgerliche Gesinnung als Voraussetzung der Souveränität des demokratischen Einzelstaates

Geht man davon aus, daß für jeden Staat eine vereinheitlichende Individualisierung notwendige Voraussetzung seines Bestandes ist, so kann man die Staaten für den hier interessierenden Zusammenhang in drei typisch unterschiedene Kategorien einteilen.

1. Staaten, in denen die Einheit durch herrschaftliches Machtgebot »von oben« gewährleistet wird (Obrigkeitsstaaten).
2. Reine Administrationsstaaten, mit einem Minimum obrigkeitlicher Entscheidung. Sie setzen außerstaatliche Faktoren von ordnend-vereinheitlichender Kraft voraus[81].
3. Staaten differenzierter desintegrierender Sozialstruktur mit demokratischer Verfassung. Für sie ist aktive verantwortungsbewußte Staatsgesinnung ihrer Bürger eine Voraussetzung des Bestandes ihrer Einheit[82].

Daß die Geschichte keine »reinen« Typen der vorstehenden Art kennt, versteht sich. In jedem Staate wird »geherrscht«, jeder Staat setzt gewisse außerstaatliche Integrationsfaktoren voraus, und jeder Staat verlangt von seinen Bürgern Gehorsam und wenigstens ein gewisses Maß an Kollaborationsbereitschaft. Trotzdem entsprechen diese Typen der historischen Erfahrung. Die oberitalienischen Condottiere-Staaten der Renaissance, die absolutistischen Territorialstaaten Deutschlands, sind verhältnismäßig »reine« Typen der ersten Kategorie. Die liberalkonstitutionellen Staaten des 19. Jahrhunderts wird man dem zweiten Typ zurechnen können, und die modernen europäischen Staaten mit demokratischer Verfassung gehören sämtlich der dritten Kategorie an.

Diesen Typen entsprechen verschiedene Formen der politischen Ethik. In reinen Obrigkeitsstaaten beschränkt sich ihre Relevanz auf den kleinen Kreis der »Herrschenden und ihren Anhang« (Adel, Clan, Nutznießer). Sie erscheint hier als »Treue« sehr verschiedener ethischer Dignität. Der Administrationsstaat setzt typisch »loyalen Gehorsam« des

---

[81] Dazu SCHINDLER, *Verfassungsrecht,* S. 115.

[82] SCHINDLER verlangt neben Staatsgesinnung auch soziale Homogenität für eine Demokratie, aaO. S. 97.

Untertanen voraus. Als ethisches Problem der Freiheit und Verantwortung, aktiver staatsbürgerlicher Gesinnung, kennt er nur die Demokratie. Die Geschichte des Problems zeigt, daß der Theorie die politische Ethik in diesem Sinne auch nur hier zum Problem geworden ist.

Wie oben gesagt, ist für die heutige Infragestellung der Souveränität davon auszugehen, daß die zukünftige Staatsform, sei es die des nationalen Einzelstaates, eines souveränen europäischen Bundesstaates oder gar des »Weltstaates«, nur eine demokratische sein soll. Die die Einheit gefährdende differenzierte Sozialstruktur aller modernen Staaten ist im Zeitalter unausgetragener sozialer Spannungen nicht etwas Vorauszusetzendes, sondern Gegebenes. Wenn unser Ausgangspunkt richtig ist, so werden wir also von den Bürgern des demokratischen Staates der Zukunft, gleich welche Größe er haben mag, ein Höchstmaß »politischer Tugend« fordern müssen, es sei denn, daß die Einheit zerbräche, was nur Zerfall des Staates oder Übergang zu obrigkeitsstaatlichen Herrschaftsformen bedeuten könnte.

Es wurde gesagt, daß in der Geschichte der politischen Theorie die Forderung politischer Tugend, d.h. aktiver Staatsgesinnung, nur auf demokratischer (oder auch republikanischer) Basis anzutreffen ist. Dabei wird die Staatsgesinnung unter einem doppelten Gesichtspunkt von Interesse. Einmal als Konstitutionsfaktor der staatlichen Einheit, zum anderen als Problem sittlicher Selbstgestaltung des Menschen. Beides hängt eng zusammen und für die Antike ist es das Grundproblem des Staates überhaupt.

Wie bekannt, machen die griechischen Staatsdenker die Größe des wahren Staates davon abhängig, daß sie hinreicht, die sittliche und erzieherische Aufgabe des Staates zu ermöglichen. PLATO schreibt für seinen Idealstaat die Höchstzahl von 5.040 Bürgern mit ihren Familienmitgliedern vor[83]. ARISTOTELES legt sich nicht fest, sondern will den als größten gelten lassen, der seinen Aufgaben am besten nachkommen kann[84]. Die beste Definition für die Grenze der zulässigen Größe eines Staates sei offenbar, so sagt ARISTOTELES[85], – »das höchste Bevölkerungsmaß, bei dem ein selbstgenügsames Leben gewährleistet ist und die Verhältnisse übersehbar bleiben«. Nur dann kann der Staat auch seinen Zweck erfüllen, dem Menschen ein tugendhaftes Leben zu ermöglichen, was Voraussetzung eines ordentlichen Gemeinwesens ist.

---

83 *Gesetze, V*, 737 E, 740 D u. ö.
84 *Politik VII*, 4 (1326 a), Meiner, 246.
85 Ebd. 1326 b, Meiner, S. 247 f.

Wenn PLATO die Formenlehre des Staates als Pathologie der menschlichen Seele begreift[86], so beruht die Pathologie der Demokratie – als Herrschaft der Vielen – in der falschen Freiheit ohne Zucht und Verantwortung. Dieses Übermaß von Freiheit führe für den Einzelnen wie für den Staat zum Umschlag in ein Übermaß von Knechtschaft[87]. Soll eine möglichst große Zahl von Bürgern an der Verwaltung des Staates teilhaben, im modernen Sinne also eine demokratische Staatsform Bestand haben, so müsse jeder Bürger von den staatsbürgerlichen Tugenden der *areté* – Gerechtigkeit, Tapferkeit und Frömmigkeit –, erfüllt sein. Der *kalos agathos,* der körperlich und geistig gesunde Mensch, der seine Kräfte dem Staat unentgeltlich zur Verfügung stellt, wird hier mehr verlangt als in jeder anderen Verfassungsform des Staates. Zugleich dient der Staat in diesem Denken als erzieherische Institution zur Entfaltung der menschlichen Persönlichkeit als des höchsten individuellen und sozialen Wertes[88]. In der Erfüllung dieser Aufgabe liegt das Wesen des Staates für PLATO[89]. Das Wesen des Menschen wiederum ist seine Selbstgestaltung als politisches Wesen, er selbst ist nie das Maß aller Dinge.

Schon die hellenistische Zeit, in der die Polis ihre Bedeutung verloren hatte, verlor den Sinn für diese politische Auffassung des Menschen. An die Stelle der Paideia, die dem Staat diente, trat die Bildung, die allein auf die Zwecke des Individuums abzielte. Das Christentum trennt zwischen Mensch und Bürger. Die christlichen Tugenden vollends: Barmherzigkeit, Versöhnlichkeit und Züchtigkeit haben mit der politischen Tugend der Griechen und Römer nichts mehr gemein.

In der mittelalterlichen universalen Monarchie war das Problem nicht aktuell. Von MACHIAVELLI wird es in eigenartiger Form wieder entdeckt[90], um eine vollendete Darstellung bei ALTHUSIUS zu finden,

---

[86] W. JAEGER, *Paideia* III (1947), S. 47 ff.

[87] *Politik VIII,* 564 St., Meiner, S. 341

[88] JAEGER, aaO.

[89] JAEGER, aaO. II, S. 340.

[90] Während Dante noch geschrieben hatte: »Est Monarchia necessaria mundo; malum autem pluralites principatum, unos ergo princeps« (De monarche, ed. Witte [Vindibonae 1874], S. 14), ist bei MACHIAVELLI mit der völligen Überwindung des imperialen Gedankens – die Vielheit der Staaten unter anderem dadurch gerechtfertigt, daß es dort, wo es viele Staaten, auch viele tüchtige Männer gebe. – Aber sein Begriff der *virtù* steht doch kaum in dem hier interessierenden Zusammenhange, wenn wir der Darstellung E. W. MAYERS, *Machiavellis Geschichtsauffassung und sein Begriff virtù,* 1912, folgen. Über den Sinn des Wortes *virtù* bei BODIN kann auch BAUDRILLART, aaO. S. 154, Anm. 1 keine Auskunft geben.

der die Volkssouveränität zur Grundlage seiner politischen Lehre nimmt. Als Gegner BODINS sind es damit auch andere Kräfte, die für ihn wesentlich die politische Ganzheit zusammenhalten. Das Band der Gemeinschaft sei die Übereinstimmung der Gesinnung und die von ihren Gliedern einander bewahrte Treue[91]. Ein jeder soll dem Wohl des Gemeinschaftslebens dienen. Auch die Widerstrebenden würden zur Mitarbeit am politischen Ganzen herangezogen. »Gemeinschaftsliebe und Zucht« sind für ihn die Grundpflichten eines rechten Untertanen[92]. Jeder Mann sei verpflichtet, seinen Anteil am Gemeinschaftsleben zu leisten. Auf geistigem Gebiete gelte es vor allem die Kenntnis von dem, was für die Gemeinschaft notwendig und nützlich ist, fest einzuprägen.

Aber auch den Wert der politischen Gemeinschaftspflichten für die *individuelle* Selbstgestaltung des Menschen weiß der Reformierte zu würdigen. Wer versuchen wolle, für sich allein zu leben, um sich der Gemeinschaft anderer Menschen nicht einzufügen, der könne weder gut noch schicklich leben. Alle lebensnotwendigen Hilfen finde er nur in der Gemeinschaft. »Nur wenn er in einer solchen zu leben begehrt«, würde er »gleichsam vorwärts gestoßen, bilden sich seine tätigen Kräfte und sittlichen Tugenden aus«[93]. Es ist nur die Steigerung der allgemein geforderten Staatsgesinnung ,wenn er von den Verwaltern und Leitern des Staates zwei Grundtugenden vor allem verlangt: »Eifer und Tüchtigkeit«. Es müsse sie erfüllen »Liebe zum Volk und glühender Eifer für das Wohl der Gesamtheit, der sie angehören und für welche alle Anstrengungen leicht wiegen«[94].

Der Rationalismus der Aufklärungszeit hatte für das Problem der Staatsgesinnung wenig Verständnis[95]. Die technische Staatsauffassung, für die der Staat nur Rechtssicherungsorganisation, Betrieb oder Anstalt ist, hat hier ihren Ursprung. Mit seinem gemeinschaftsfremden Individualismus hat das Vernunftnaturrecht auch kein Verständnis für das, was man politische Tugend genannt hatte. Kaum ein Hauch davon findet sich in PUFENDORFS »Gemeinschaftspflichten«[96]. So ungeschichtlich seine Historie ist, so unpolitisch diese Gemeinschafts-

---

[91] AaO. S. 33.

[92] AaO. S. 16.

[93] Ebd.

[94] AaO. S. 38.

[95] Man vergleicht aber immerhin das Kapitel über »Natürliche Religion und Bürgerliches Bekenntnis« bei KRÜGER, aaO. S. 73 ff.

[96] *De officio hominis et civis,* 1673.

pflichten des »Niemand schädigen«, »Jeden anderen als gleichberechtigt ansehen«, »Soviel wie möglich dem anderen nützen«. Es sind alles Pflichten, die der einzelne Mensch anderen einzelnen Menschen gegenüber erfüllen soll, – keine Gemeinschaftspflichten. Politische Zielsetzungen sind für PUFENDORF nichts objektiv Aufgegebenes mehr, sondern abhängig von den jeweiligen »Impositionen«, den Werten, welche die Menschen nach freiem Willen den Dingen zumessen. Nur ein Schritt ist es von hier zu SCHLÖZERS Staat als Brandkasse[97].

Auch das kontinentale demokratische Denken seit der französischen Revolution krankt an dem rationalistischen Agnostizismus und Individualismus, für den es das Problem aktiver staatsbürgerlicher Gesinnung nicht gibt, obwohl es nirgends dringlicher ist. MONTESQUIEU allerdings wußte noch von den notwendigen außerrechtlichen Komplementen der Demokratie. Ihm sind die Staaten naturbedingte Individualitäten und die »vertu« der Bürger Grundlage der Demokratie. Sie sei »eine sehr einfache Sache: die Liebe zur Republik[98]. Mit Bildung und Wissen habe sie nichts zu tun, jeder Mann sei fähig, sie aufzubringen.

Doch bringt der deutsche Idealismus, getragen vom erwachenden Nationalgefühl, noch einmal eine Vertiefung des Problems der politischen Tugend, indem er es als Problem von Freiheit und Verantwortung sieht. Es ist das unhistorische Naturrecht in seiner Annahme vom Verlust der natürlichen Freiheit des Menschen in der staatlichen Gesellschaft, gegen das sich HEGEL wendet. Jene Annahme »sei eine von solchen nebulösen Gebilden, wie die Theorie sie hervorbringt ... ohne sich hierüber auf geschichtliche Art zu rechtfertigen«[99]. Das Gegenteil sei richtig. Im Staat und nur im Staat könne der Mensch ein freies, sittliches Leben führen. »Das Individuum, das in dieser Einheit lebt, hat ein sittliches Leben, hat einen Werth ...«[100]. Freiheit sei nie als ein Unmittelbares und Natürliches gegeben, sondern müsse immer

---

[97] »Der Staat ist eine Erfindung, Menschen machten sie zu ihrem Wohl, wie sie Brandkassen usw. erfanden. Die instruktivste Art Staatslehre abzuhandeln ist, wenn man den Staat als eine künstliche, überaus zusammengesetzte Maschine, die zu einem bestimmten Zwecke gehen soll, behandelt«. Gegen diesen Staat als »bloße Manufaktur, Meierei, Assekuranzanstalt oder merkantilistische Sozietät« (ADAM MÜLLER) richtet sich die Romantik. Zitate nach WACKERNAGEL, *Der Wert des Staates*, Basel (1934), S. 77.

[98] *Esprit des lois,* V, 2.

[99] »Vorlesungen über die Philosophie der Geschichte«, Glocknersche Ausgabe, Bd. 11, Stuttgart (1928), S. 73.

[100] AaO. S. 71.

erst »erworben und gewonnen werden, und zwar durch eine unendliche Vermittlung der Zucht des Wissens und des Wollens«. Die Beschränkungen, die durch die Gesellschaft und den Staat stattfänden, seien nur »Beschränkung jener stumpfen Empfindungen und rohen Triebe, wie weiterhin auch des reflectirten Beliebens der Willkür und Leidenschaft«[101]. Die Gegenstände und Zwecke erst, *für* die man frei ist, bestimmten einen objektiven Begriff der Freiheit. Staat und Gesellschaft sind für ihn die Zustände, in welchen die sittliche Freiheit verwirklicht wird.

Vollendet finden sich beide Seiten des Problems der staatsbürgerlichen Gesinnung wieder bei Ranke, der hier zwar nicht in der demokratischen, aber nationalstaatlichen Bewegung der Zeit steht. Das vornehmste Bestreben aller inneren Politik müsse dahin gerichtet sein, »alle Teile in freiwilliger Einheit zusammenzufassen«. Es komme darauf an, »daß die Idee eines Staates einen jeden ergreife, daß er von dem geistigen Leben desselben etwas in sich fühle, daß er sich als ein Mitglied des Ganzen betrachte und Liebe dazu habe, daß das Gefühl der Gemeinschaftlichkeit stärker sei als das Gefühl provenzieller, lokaler oder individueller Absonderungen«[102]. »In allen« müsse »das geistige Selbst des Staates leben«[103].

Wenn ihm entgegengehalten wird, er mache den ganzen Menschen zu einem politischen Geschöpf, so antwortet Ranke, er sei »überzeugt, von der Wahrheit des Anteils, den man, ich sage nicht an den Formen der Verfassung, aber an dem Fortgange der öffentlichen Wohlfahrt, an dem gemeinen Wesen nimmt, hängt die Entwicklung auch der persönlichen Eigenschaften ab«[104]. In einem rechten Staat sei die Teilnahme an ihm dem Privatmann selbst seine Belohnung[105]. Er denke nicht daran, sich ihr zu entziehen, er sehe die Notwendigkeit ein. »Es gibt für ihn keine Privatexistenz, er würde nicht sein, der er ist, wenn er nicht diesem bestimmten Staate, als seinem geistigen Vaterlande, zugehörte«[106].

Es scheint uns eine sehr wesentliche Feststellung für das Souveränitätsproblem zu sein, wenn Ranke von dem Staate spricht, in dem die Bürger die Verpflichtungen, die ihnen auferlegt werden, nur als Last

---

[101] AaO. S. 74.
[102] AaO. S. 30.
[103] AaO. S. 33.
[104] AaO. S. 31.
[105] AaO. S. 11.
[106] AaO. S. 29.

empfinden und daraus folgert, daraus träte zuletzt selbst in der moralischen Energie eine Hemmung ein[107]. Auch die private Tätigkeit könne sich nicht entwickeln wie sie sollte, wenn in einem Staat jene Einheit von privaten und öffentlichen Bestrebungen nicht verwirklicht sei, die den wahren Staat charakterisiere.

Wir glauben nicht fehlzugehen, daß eine Auffassung, für die es sittlich erfülltes Leben nur im staatlichen Leben und Handeln geben kann, heute durchweg als Perversion empfunden würde. Der Staat als Brandkasse ist uns näher denn als sittliche Persönlichkeit. Er ist kaum noch Gegenstand sittlicher Selbstgestaltung und gerade die nationalistischen Auswüchse der jüngsten Vergangenheit sprechen eher für als gegen seine Entwertung in diesem Sinne. Doch ist zu beachten, daß es dem Faschismus und Kommunismus gelang und gelingt, den Staat wie nie zuvor in den Mittelpunkt des persönlichen Lebens zu stellen. Es ist sehr die Frage, ob man von einem demokratischen Standpunkt aus das Recht hat, dieses Ergebnis zu ignorieren, oder ob es nicht auch für einen demokratischen Staat ein Zentralproblem seiner Regenration sein muß. Die zur Aufhebung des Wertes des Einzelmenschen führenden Ideen des Kommunismus und Faschismus gediehen gerade dort am besten, wo die Masse der Bürger eine politisch isolierte und unbeteiligte Existenz führte, nicht eingetan war in die Aufgaben und Verantwortungen einer höheren politischen Gemeinschaft, in der auch des Einzelnen sonst unbeachtete Person einen politischen Eigensinn bekommt. Es ist eine alte Erfahrung, daß der Mensch erst in der Verantwortung stehend, auch frei im sittlichen Sinne wird. Individualismus und Kollektivismus, Freiheit und Ordnung, nicht als Wert- sondern als Strukturprobleme eines richtig geordneten Gemeinschaftslebens verstanden, werden so auch Momente in der Frage nach der Lokalisierung der Souveränität.

V. Folgerungen: Die Lokalisierung der Souveränität

Ein Versuch der Beantwortung der Frage nach der Lokalisierung der Souveränität wird vom heute noch gegebenen, dem souveränen Einzelstaat ausgehen müssen. Dieser, nicht der Weltstaat, ist in Frage gestellt. Damit verengt sich die Frage darauf, ob es sinnvoll ist, ihm die

---

[107] AaO. S. 30.

Souveränität weiterhin zu belassen. Sie beantwortet sich nach den Konsequenzen, die eine Übertragung auf höhere Verbände nach menschlichem Ermessen mit sich bringen würde.

Abzulehnen ist vorweg die Auffassung, die die Lösung in einer Anwendung bundesstaatlicher Prinzipien glaubt finden zu können, ohne zuvor nach den Konsequenzen ihrer Anwendung und der Integrationsmöglichkeit solcher Verbände zu fragen. Denn alle Erfahrung lehrt, daß die föderativen Glieder zu einer selbstverantwortlichen, d.h. souveränen Eigenstaatlichkeit zurückstreben, sofern sie in sich genügend Eigenwert finden, der diese Eigenstaatlichkeit rechtfertigt. Auch höhere Gebilde, die auf der Grenze zwischen staatenbündischen und bundesstaatlichen Organisationsformen liegen, wie früher das britische Empire, können nur dort Bestand haben, wo auch sie für sich selbst wieder einen Eigenwert verkörpern und von ausreichenden Integrationsfaktoren getragen werden.

Weiter ist jede Auffassung abzulehnen, die die Rechtfertigung einer bestimmten staatlichen Struktur, etwa des alten Nationalstaates, nicht vom Menschen her und der uns aufgegebenen gerechten Staatsform, sondern auf dem Wege über ins Normative hypostasierte Begriffe wie Nation, Blut und Boden unternimmt. Diese Faktoren sind nur insoweit von Bedeutung, als sie wertbestimmende Faktoren eines ausgeglichenen und erfüllten Gemeinschaftslebens sind, das selbst – als eine Seite der menschlichen Existenz – allerdings für sich einen Wert darstellt. Von solchem gerechten und erfüllten staatlichen Gemeinschaftsleben ist auszugehen. Sofern es ein demokratisches sein soll, müssen eine gewisse soziale Homogenität, Stabilität und aktive staatsbürgerliche Gesinnung in ihm verwirklicht sein.

Es ist nun im höchsten Grade unwahrscheinlich, daß soziale Homogenität, wie sie durch die moderne Klassenspaltung in Frage gestellt ist, in einem wesentlich größeren Rahmen, als dem der gegenwärtigen Nationalstaaten, zurückgewonnen werden kann. Die Unterschiede des Lebensstandards zwischen den einzelnen Staaten sind schwerer zu überwinden, als die Durchführung einer vom demokratischen wie sozialistischen Standpunkt aus notwendigen Ausgleichung der sozialen Spannungen innerhalb der alten Staaten. Von dieser Einsicht läßt sich sowohl die kommunistische wie sozialistische Politik der Gegenwart leiten. So ist für den Stalinismus die »Weltrevolution« nur ideologische Kulisse gegenüber der Erkenntnis, daß der Sozialismus stets und jeweilig nur »in je einem Land« verwirklicht werden kann. Auch das Mißtrauen der englischen Arbeiterregierung und der deutschen Sozialdemokraten gegenüber einer Beteiligung an einem europäischen Bundesstaat findet hier eine Erklärung.

Aber auch darüber hinaus können – jedenfalls zur Zeit – jene gedachten höheren Einheiten nicht jene sachlichen individualisierenden Werte in sich verkörpern, die die Grundlage eines nicht nur obrigkeitlich geleiteten Gemeinschaftslebens sein müssen. Die Behauptung einer abendländischen oder atlantischen Kulturgemeinschaft bleibt gegenüber der tatsächlichen Differenziertheit der modernen Staaten eine vage These. Die bestehenden Gemeinsamkeiten langen jedenfalls nirgendwo hin, um ein souverän-staatliches Gemeinschaftsleben zu begründen. Das stärkste außerstaatlich noch bestehende Band, die christliche Ökumene, würde nur gefährdet werden, wenn man sie in politische Konstruktionen einbeziehen würde. Tatsache scheint zu sein, daß sich die geistigen Unterschiede der abendländischen Völker zwar immer mehr abschleifen. An ihre Stelle treten technisch-wirtschaftliche Differenzierungen. Eine geistige, wertbestimmte Gemeinschaft höheren Ortes wird dafür aber nicht begründet.

Damit scheint es ausgeschlossen zu sein, daß eine höhere staatliche Einheit die Form des »Administrationsstaats« annehmen könnte. Dietrich Schindler hat gezeigt, daß ein Staat, der sich mit einem Minimum an Entscheidungskompetenzen auf bloß ordnende Verwaltungsaufgaben beschränken wollte, dann von anderen außerstaatlichen, die Einheit sichernden, »kollektivierenden« bzw. integrierenden Faktoren getragen werden muß, wie es im 19. Jahrhundert vor allem das Nationalgefühl gewesen ist.

Zwar sind mit dem Verlust ihrer Autarkie die alten Staaten auf engste wirtschaftliche Zusammenarbeit angewiesen. Doch wäre es flacher Materialismus zu glauben, darauf allein ließe sich eine mit souveräner Gewalt ausgestattete staatliche Einheit gründen. Auch die gemeinsame Angst vor möglichen kriegerischen Auseinandersetzungen darf als integrierender Faktor nicht überschätzt werden. So wenig, wie die staatlichen Einheiten ein Produkt des aus Angst vor dem Kriege aller gegen alle geschlossenen Gesellschaftsvertrages sind, so wenig könnte eine höhere staatliche Einheit allein auf solchen Ängsten aufbauen. Für einen europäischen Bundesstaat kann die gemeinsame Angst vor einem möglichen Angriff keineswegs ein durchschlagendes Argument abgeben. Innereuropäische Kriege werden seit der Niederlage Deutschlands – soweit Westeuropa in Betracht kommt – schon psychologisch kaum noch im Bereich des Möglichen liegen. Zur Vorbereitung der Abwehr eines außereuropäischen Angreifers genügen aber völlig die modernen Formen politischer und militärischer Zusammenarbeit, die im Kriegsfall einer zentralen Leitung Platz machen können. Eine Grundlage für eine auf Dauer angelegte Einheit sind diese Faktoren nicht, im Gegenteil, bei dem verschiedenen Grade, in dem die verschiedenen Länder einer solchen Gefahr ausgesetzt sind, und bei der verschiedenen Art, diese Gefahr zu sehen, können sie auch desintegrierend wirken. Äußerer Druck hat zudem in der Geschichte zwar den Prozeß staatlicher Konsolidation stets beschleunigt, sie aber nie aus sich selbst verursacht. Würden doch im gleichen Augenblick, wo dieser Druck wegfällt, die alten Interessengegensätze erneut aufbrechen.

Ganz ausgeschlossen scheint es aber zu sein, daß eine über die bestehenden Staaten hinausgehende Einheit Gegenstand echter integrierender Staatsgesinnung sein könnte. Dafür fehlen einmal die vorauszusetzenden sachlichen Werte, die es den Menschen wert machen könnten, ihr zu dienen. Zum anderen und vor allem sind dem menschlichen Zugehörigkeitsgefühl aber bestimmte Grenzen gesetzt. Alles politische Handeln, Denken, Fühlen hat immer eine *bestimmte* politische Einheit zum Gegenstand, der man eine konkrete Vorstellung zuordnen kann. So wie gerechtes politisches Zusammenleben immer nur hier und da, an diesem Fleck, an den einen das Schicksal gestellt hat, zu verwirklichen ist – nicht einer beliebigen Allgemeinheit –, so kann Gegenstand des politischen Erlebnisses auch nur eine Gemeinschaft sein, die die räumlich-geistige Fassungskraft nicht übersteigt. Es hieße die Möglichkeiten des Menschen von heute sehr überschätzen, wollte man ihm zumuten, über die gegenwärtigen nationalen Einheiten hinaus verantwortlich mitzudenken. Wenn der zukünftige Staat ein demokratischer sein soll, so wird man sich aber an den Durchschnittsmenschen halten müssen. Dieser denkt aber – wenn überhaupt – erst seit sehr kurzer Zeit politisch in so großen Einheiten, wie es die modernen Staaten sind, und alles spricht dafür, daß sie für ein wirkliches politisches Mitleben eher zu groß als zu klein sind. Der Mensch gestaltet sich zu dem, was er sein kann, aber immer nur in einem Kreis und in Verhältnissen, die er mit Anschauung erfüllen kann, die er auch anschaulich erfährt, indem sie etwas von ihm fordern und so das Schöpferische in ihm wachrufen.

Noch unter einem anderen Gesichtspunkt muß die Frage nach der Lokalisierung der Souveränität geprüft werden. Denn wenn Bedingung für die Anerkennung der Souveränität dieser oder jener staatlichen Größeneinheit die Verwirklichungsmöglichkeit der freiheitlichdemokratischen Staatsform ist, so wird man das ganze Problem auf dem Hintergrund der besonderen modernen Infragestellungen dieser Staatsform sehen müssen. Man hat schon früher für die Demokratie eine gewisse Einfachheit und Rationalität der politischen Prinzipien und Überschaubarkeit der Formen der politischen Willensbildung gefordert[108]. Die zeitgenössische Wissenschaft, insbesondere soweit sie auf den Vorarbeiten der Sozialpsychologie aufbaut, stellt in den Mittelpunkt ihrer gegenwartsanalytischen Forschung nun mehr und mehr jene Erscheinungen der modernen Industriegesellschaft, die jene Einfachheit und räumliche und zeitliche Übersehbarkeit unserer Umwelt einschränken, komplizieren oder ganz beseitigen. Die gesellschaftliche Wirklichkeit, die KARL MARX am Leitfaden einer universalen aber umwälzbaren Selbstentfremdung interpretiert, versteht MAX WEBER am Leitfaden eines zunehmenden, unentrinnbaren Rationalisierungsprozesses, der in eigentümlicher Weise umschlägt in eine zunehmende Irrationalisierung und Verdunkelung all unserer Lebenszusammenhänge[109]. Diese Verdunkelung, dies dialektische Umschlagen, wird ihm zum eigentlich Fragwürdigen unserer Wirklichkeit. Am Problem des sozial isolierten, institutionell uneingefaßten Menschen, entwickelt sich die FREUDsche Psychologie. Für die modernste Soziologie und Psychologie schließlich, wird die »Anpassung« (adjustment) des Einzelmenschen an eine sich rapide und unberechenbar verändernde Wirklichkeit zum Zentralproblem ihrer ganzen Arbeit[110].

Diese »Anpassung« ist die in verschiedenen Formen mögliche Einstellung auf eine Wirklichkeit, die sich negativ als »soziale Desintegration«, als Auflösung aller dem Leben Richtung und Halt bietenden Institutionen darstellt, ein Prozeß, dessen Endpunkt jener Zustand der

---

108 SCHINDLER, *Über die Bildung des Staatswillens in der Demokratie,* 1921, S. 63 f. Ähnlich FRANZ BÖHM, Wirtschaftsordnung und Staatsverfassung (1950), S. 44: »... Demokratie, d.h aktive Teilnahme der Bürger an den Regierungsgeschäften, ist nur möglich, solange die Regierungsaufgaben übersehbar sind und von dem Mann auf der Straße begriffen werden können ...«.

109 KARL LÖWITH, »Max Weber und Karl Marx«, *Arch. f. Sozialwiss.* 67 (1932), S. 53 ff., 175 ff. Wichtig die Inbeziehungsetzung des WEBERschen »Rationalisierungsprozesses« zur »Anomie« der modernen Gesellschaft und ihrer Auswirkung in totalitären Bewegungen bei TALCOTT PARSONS, »Some Sociological Aspects of the Fascist Movements«, in: *Social Forces*, Vol. 21, Nr. 2 (Dec. 1942), p. 140 f.); DERS., *Essays*, 268 ff.

110 RENÉ KÖNIG, *Soziologie heute,* Zürich (1949), S. 113 ff.; ARNOLD GEHLEN, *Sozialpsychologische Probleme in der industriellen Gesellschaft*, Tübingen (1949), S. 7.

»Anomie« ist, den EMILE DURKHEIM im Zusammenhang der Konsequenzen der modernen Arbeitsteilung unter diesem Stichwort als erster umfassend beschrieben hat[111].

Dabei ist unter Anomie mit DURKHEIM und den ihm folgenden jene Desorientierung zu verstehen, die sich als Folge einer Lockerung der institutionalisierten Verfestigung einer kulturellen Situation und im Zuge der Problematisierung grundlegender Lebenserwartungen einstellt. Es ist jener Zustand, in dem eine große Zahl einzelner Menschen ohne jene Anlehnung und Identifizierung mit fest institutionalisierten Lebensformen leben muß, die Voraussetzung für ihr eigenes persönliches Wohlbefinden und für ein reibungsloses Funktionieren eines sozialen Systems ist. Die bekannten Beispiele sind die zwischen den Stühlen sitzenden Kleinbürger und Intellektuellen und der das Morgen ohne Hoffnung erwartende Arbeitslose[112]. Die Ursachen solch »anomischer« Erscheinungen sind tief begründet im Wesen der modernen westlichen Gemeinschaft, die seit Beginn der Industrierevolution durch ein Zeitalter großer Veränderungen hindurchgeht. Der Übergang vom Agrar- zum Industriestaat, der häufige Berufs-

---

[111] EMILE DURKHEIM, *De la division du travail social, Paris* (1893). Eine begrifflich schärfere Fassung findet das Problem in dem späteren Werk *Le Suicide*, Paris (1897), pp. 227 ss. und im Vorwort zur 2. Auflage des erstgenannten Buches (Quelques remarques sur les groupements professionnels). Dort finden sich auch ausgezeichnete Bemerkungen zur moralisch stabilisierenden Funktion der kleinen sozialen Gemeinschaften. Zu diesem, auch für Staats- und Verfassungstheorie, ungemein wichtigen Problem, bietet die amerikanische soziologische Literatur ein schier unerschöpfliches, für die politische Theorie noch kaum fruchtbar gemachtes Material. Die bisherigen, wesentlich industrie- und militär-soziologischen Untersuchungen, erlauben mancherlei Hinweise für die politische Theorie, der von dort her insbesondere wieder einsichtig gemacht werden kann, warum bei den alten Theoretikern nicht der isolierte Einzelmensch, sondern die Familie, die »Haushaltungen«, zur aufbauenden Grundlage des Staates gemacht werden. Die wesentliche Literatur findet sich bei E. A. SHILS, *The Present State of American Sociology* (1948), pp. 40–52. Besonders wichtig sind die Werke ELTON MAYOS, bes. *The Social Problems of an Industrial Civilisation*, Boston (1945), deutsch: *Probleme industrieller Arbeitsbedingungen*, Frankfurt a.M. (1949), und die aus der Schule KURT LEWINS hervorgegangenen Untersuchungen des American Research Center for Group Dynamics an der University of Michigan.

[112] Dazu besonders eindringlich – im Kontrast zur verharmlosenden Tendenz mancher heutigen wirtschaftspolitischen Erörterungen: PAUL F. LAZARSFELD, *Die Arbeitslosen von Marienthal*, Leipzig (1933); DERS. und B. ZAWADSKI, »The Psychological Consequences of Unemployment«, *Journal of Social Psychology*, VI (1935), pp. 224–250; DERS. und PHILIPP EISENBERG, »The Psychological Effects of Unemployment«, *Psychological Bulletin XXXV* (1938) und E. WIGHT BAKKE, *The Unemployed Man*, London (1933).

und Standortwechsel großer Bevölkerungsteile, Wirtschaftskrisen, Arbeitslosigkeit und Inflationen, Änderung des Lebensstandards, der Geschmacks- und Kleidermoden, das alles verbunden mit einer »fortschrittlichen« Geringschätzung traditioneller Werte, gestalten das Netz von Unsicherheiten, in das der Einzelne verfangen wird. Mit dem Schwund der Erwartungschancen muß seine Lebensführung irrational werden, die Anfälligkeit des Einzelnen und ganzer, von diesem Prozeß besonders betroffener Gesellschaftsteile für »abnorme«, schwärmerische oder zynische Verhaltensweisen religiöser oder politischer Natur ist hier vorbestimmt[113].

Wenn sich jeder Wissenschaft der Politik und des Staates die entscheidenden Fragestellungen von bestimmten, in einer Gegenwart mächtigen Entwicklungstendenzen her ergeben (HELLER, *Staatslehre* S. 51 ff., 51), so liegen nicht nur für die mehr empirisch arbeitende soziologische und sozialpsychologische Disziplin, sondern auch für die Theorie der Politik und des Staates in diesen desintegrierenden, der Gegenwart immanenten, die soziale Stabilität und Sicherheit infragestellenden Kräften, die eigentlich aufgegebenen Probleme, die *jede* politikwissenschaftliche Frage mitbestimmen müssen. Die Politikwissenschaft ist darin nicht anders »Gegenwartswissenschaft« als die Soziologie[114]. Dabei sind nur solche Entwicklungstendenzen für diese Wissenschaft wesentlich, die durch menschliche Tat in ihrer Richtung bestimmt werden können. Sie setzt sich damit ab von einer »Krisen«-Literatur, die ausschließlich kontemplativ-betrachtend bleibt und einer Staatstheorie, die sich an Zielen orientiert, die in so idealer Ferne schweben, daß sie nur unter den größten Opfern menschlicher Würde und Freiheit in einer Epoche zu realisieren sind. Nichts ist aller-

---

[113] Die besten neueren Darstellungen des Problems finden sich bei TALCOTT PARSONS, aaO.; DERS., *Essays in Sociological Theory Pure and Applied* (1949), bes. pp. 251–274; ROBERT K. MERTON, »Social Structure and Anomie«, in: *Social Theory and Social Structure*, Glencoe, Ill. (1949), pp. 125 ff. Viel – ohne Verwendung des Begriffs – auch bei GEHLEN, aaO. S. 7 ff.; und bei MAYO, aaO. (deutsche Ausgabe), S. 21 ff. (*Die Schattenseite des Fortschritts*).

Eine ganze Staatstheorie hat SEBASTIAN DE GRAZIA vom Begriff der Anomie her aufzubauen gesucht: *The Political Community, A Study of Anomie,* Chicago (1948). Für ihn halten »belief-systems« die politische Gesellschaft zusammen, ihrer Schwächung folgt Anomie. Die Mängel des interessanten Buches, die es mit allen Versuchen gemein hat, die den Staat auf bloße Ideologie zurückführen, sind die Folge eines radikalen, gläubigen Psychologismus. Das gilt wohl auch für CASSIRER, *Der Mythos des Staates*, Zürich (1948).

[114] Für diese s. KÖNIG, *Soziologie heute,* passim.

dings damit getan, eine politikwissenschaftliche Gegenwartsdiagnose zu stellen, die auf »Anomie« oder »Desintegration« lautet. Das wäre um nichts besser als die Diagnose eines Arztes, dessen Patienten »an Krankheit« leiden[115]. Vielmehr kann wissenschaftliche Aufgabe nur das genaue Studium der Voraussetzungen und Konsequenzen dieser Phänomene sein, orientiert an der Möglichkeit ihrer Eindämmung oder Überwindung[116]. Die ganze Fülle modernen politischen Lebens, jedenfalls der ganze innen- und sozialpolitische Komplex, kann von ihnen aus auch in einer sinnvollen Weise systematisch eingeordnet werden. Auf dem Hintergrunde »anomischer« Unsicherheit der Erwartungen, der sittlichen Bedenklichkeit einer unberechenbar gewordenen Welt, bekommen die unsere Epoche bestimmenden Wertbegriffe wie Wohlfahrtsstaat, Planwirtschaft, Politik der Vollbeschäftigung und sozialen Sicherheit, ihren eigentlichen Sinn. Im Hinblick auf die desintegrierende Auflösung zwischenmenschlicher Beziehungen, auf den Substanz- und Richtwertverlust aller Institutionen sind Erscheinungen wie die Bemühungen um eine Einordnung des wirtschaftlichen Betriebes in die öffentliche Ordnung, die soziale Betriebsgestaltung selbst, das Gewerkschaftswesen, viel der karitativen kirchlichen Arbeit und vieles von dem, was man als »Pluralismus« bezeichnet hat, weniger als Stufen eines Auflösungsprozesses einer imaginären staatlichen »Einheit«, sondern zumindest *auch* als Integrationsversuche, als Bemühungen der »Massenwelt im Kampf um ihre Form« (MARR) zu verstehen.

Auch die Übertragung der Souveränität auf höhere Einheiten muß auf dem Hintergrund der hier angedeuteten Erscheinungen gesehen werden. Zwar gibt es keine Vorausberechnung der Konsequenzen zukünftiger Entscheidungen, die einen Anspruch auf Gewißheit erheben könnte, doch scheint uns alle rationale Wahrscheinlichkeit dafür zu sprechen, daß diese Übertragung die unserer Zeit immanenten

---

115 T. N. WHITEHEAD, *Leadership in a Free Society,* Cambridge Mass. (1947), p. 231. – Man sollte diesen Begriffen aber auch nicht ihren bewertenden Charakter nehmen. So könnte z.B. mißverstanden werden GEHLEN, aaO. S. 5, für den »soziale Desintegration« »der objektive Zustand jeder hoch komplizierten und sich dabei schnell verändernden Gesellschaftsstruktur« heißen soll.

116 In diesem Sinne definiert die moderne amerikanische Soziologie ihre Aufgabe mehr und mehr »as the study of the conditions and consequences of the integration and disintegration of group structures«. Vgl. SHILS, *The Present State*, p. 55. Zur normativen Orientierung DERS. »Social Science and Social Policy«, in: *Philosophy of Science*, vol. 16, No. 3, (Juli 1949), pp. 219 ff., insbes. 220 f., 239 und LASSWELL, *The Analysis of Political Behaviour*, London (1949)², S. 7, 19 f.

Auflösungstendenzen nur verstärken wird. Der Ort der letzten politischen Dezision würde in so weite, ungreifbare Distanz gerückt, daß er für eine nur noch durch sehr grobe Kommunikationsmittel erreichbare Masse jeder Anschaulichkeit verlustig gehen würde. Jene relative Sicherheit der Erwartungschancen, die unserer Zeit in so verheerendem Maße abhanden gekommen ist[117], würde noch weniger als heute durch Institutionen verbürgt werden können, die eine gewisse Ausrichtung und Orientierung ermöglichen. Wenn eine der wichtigsten Sicherungen gegen die als anomisch bezeichneten Erscheinungen das Vorhandensein eines Netzes relativ eingeformter, klar formulierter, nacherlebbarer »Symbole« ist – soll heißen: »Ideale«, Lebensziele, allgemeinverbindliche Aufgaben, Identifikationsobjekte etc. –, in das sich die Empfindungen des Menschen verspannen können, so würde eine Entwertung der alten Nationalstaaten als grundsätzlich oberster Instanzen der politischen Entscheidung, als weiteste Einheit, innerhalb derer bestimmte geschichtlich aufgegebene Werte ihre Verwirklichung fordern, die Unverbindlichkeit, durch die das politische Erleben des modernen Menschen gekennzeichnet ist, nur noch steigern. Es ist höchst kurzsichtig, wenn die Gegenwart alle Schuld an den Spannungen und Reibungen der internationalen Beziehungen dem »Nationalismus« in die Schuhe schieben will. Er ist nur *eine* der Formen, in denen sich das überforderte, aus seiner Bahn geworfene politische Leben äußern kann. Er ist vielleicht der bequemste Blitzableiter für die vielen sozialen Spannungen gewesen, der sich in der modernen Zeit angeboten hat und ist es auch weitgehend noch, kann man doch selbst den letzten, in erbärmlicher sozialer Unsicherheit lebenden Bürger nicht seiner Zugehörigkeit zu einer großen nationalen Gemeinschaft berauben. Hier bleibt wenigstens ein Band, mit dem er dem Allgemeinen verknüpft ist, eine Gemeinsamkeit, der er sich zugehörig fühlen kann. Der gegenwärtige oder mögliche außenpolitische Gegner bot in einem System labiler internationaler Beziehungen zwischen unverbundenen, nur ihr Eigeninteresse verfolgenden Staaten, in der Tat eine überaus bequeme Zielscheibe für die Projektion vieler aufgespeicherter aggressiver Tendenzen. Der Nationalismus ist somit nur das Produkt tieferliegender Spannungen, die sich auch ganz

---

[117] In der anschaulichen Kraft unübertroffen, scheint mir die Schilderung dieser Entwicklung zu sein, die STEFAN ZWEIG uns in seinen Erinnerungen hinterlassen hat. Vgl. *Die Welt von gestern* (1949), insbes. S. 14 ff.

andere Entladungswege suchen können, wenn man nicht ihre Ursachen, sondern nur die äußere Erscheinung bekämpft[118].

Man wird gegen all dies einwenden, die alten Staaten könnten doch als eine Art sehr eigenständiger Selbstverwaltungskörperschaften in dem höheren souveränen Verbande bestehen bleiben, womit ihnen nichts von ihrer Besonderheit genommen wäre. Aber der Sinn aller echten Selbstverwaltung ist Selbstverantwortung. Immer ist die Abgrenzung der Verantwortung, die man für die Gestaltung des zugewiesenen Lebenskreises zu tragen hat, das eigentliche politische Problem der Selbstverwaltung. Nur wo selbstverantwortlich verwaltet wird, ist echte Selbstverwaltung, die etwas anderes ist als technische Dezentralisierung.

In solcher Selbstverantwortung nun scheint mir der eigentliche staatstheoretisch-politische Sinn der einzelstaatlichen Souveränität zu liegen[119]. Sie bedeutet mehr als die Tatsache, daß ein Volk über sich selbst herrscht. Sie ist der höchste Zwang zur Selbstgestaltung, zur Erfüllung der der staatlichen Gemeinschaft aufgegebenen Pflicht. Sie ist die geistige Triebfeder eines souveränen Staates, der diesen Namen verdient, nicht nur sein willensspendender »Blasebalg« (HELLER). Sie ist die Grundlage jeder schöpferischen staatlichen Selbstgestaltung. Denn die Tatsache seiner Souveränität stellt den Staat auf sich selbst. Er muß danach trachten, alle Stützen seiner wirklichen Geltung in sich selbst zu finden[120], so wenig er auch ganz autark sein kann. Aber er muß danach trachten, alle individuelle Kräfte zu wecken, zu suchen, sie zu einem Gesamtplan des menschlichen Kulturlebens zu sammeln, »um diesen in den Gang der Weltgeschichte einzufädeln«[121]. Wenn das richtig ist, so ist es auch von größter Bedeutung für das in einer Demokratie im Mittelpunkt stehende Problem der Staatsgesinnung. Denn das Problem der »politischen Tugend« ist ein Problem erlebter Verantwortung. Verantwortung nicht vor irgendjemandem, sondern für irgendetwas: hier die staatliche Gemeinschaft. HERMANN HEL-

---

[118] Zum Nationalismus vgl. im übrigen: *A Report by a Study Group of the Royal Institute of International Affairs,* London/New York/Toronto (1939); E. H. CARR, *Nationalism and After,* London (1945); W. FRIEDMANN, *The Crisis of the National State,* London (1943).

[119] Wie die Bürde der geschichtlich-politischen Verantwortung mit der wachsenden Rückgewinnung der Souveränität steigt, zeigt die Frage der Remilitarisierung Deutschlands in einer oft erschreckenden Deutlichkeit. Souverän sein heißt – ohne Exculpationsmöglichkeit – geschichtlich verantworten müssen.

[120] ERICH KAUFMANN, *Das Wesen des Völkerrechts,* Tübingen (1911), S. 139.

[121] Ebd. S. 145.

LER[122] hat in einer gelegentlichen Bemerkung ausgesprochen, was hier entscheidend wird: »Ich liebe sie (– die Nation –), weil sie die weiteste menschliche Gesamtheit ist, für die *unmittelbar erlebte* Verantwortung zu tragen, ich fähig und bereit bin«. Das moderne Repräsentativsystem gibt seiner Idee nach die Möglichkeit demokratischer Mitverantwortung auch für große Verbände. Doch findet auch diese Möglichkeit ihre Grenze an Räumen, die über jedes Vorstellungsvermögen und über jede erlebbare Verantwortungsmöglichkeit hinausgehen. Zudem ist der Mensch heute ferner denn je von solcher Verantwortungsbereitschaft überhaupt. Aber ihn zu solchem Verantwortungsgefühl zurück- oder hinzuführen, bleibt eine ständige Aufgabe der staatlichen Gestaltung. Denn wenn das Elend unserer Zeit zutiefst ein Problem des »autonomen Menschen« sein soll, der auf der »Flucht vor Gott« ist, so ist es in seinen unmittelbaren Auswirkungen nicht nur ein Problem des seinem Gotte nicht mehr verantwortlichen, sondern auch seiner politischen Gemeinschaft und damit seinen Mitmenschen nicht mehr verantwortlichen Menschen. Die einseitige Spannung auf den transzendenten Pol und eine jahrhundertelange absolute Herrschaft hat den kontinentalen Menschen dem Eigenwert des Politischen entfremdet. Rußland, Spanien, Deutschland, Italien und die osteuropäischen Staaten sind sicher nicht säkularisierter als die westeuropäischen Nationen. Die breite Masse ihrer Bevölkerung hat aber entweder nie, oder erst zu einem sehr späten Zeitpunkt, an der Verantwortung für das politische Ganze mittragen können. Dagegen ist für die angelsächsischen Staaten die Verbindung von religiöser und politischer Verantwortung für eine lange Strecke ihrer Geschichte maßgebend gewesen, und in Frankreich hat eine große Revolution die Massen in die Verantwortung hineingestellt, vielleicht gar nicht einmal so sehr – oder noch so sehr – nach ihrem Willen.

Ist aber in größeren Staaten als den gegenwärtigen aktive Mitverantwortung für den einzelnen Menschen etwas Unmögliches, so würde die Übertragung der Souveränität auf größere Einheiten dieses Problem des politisch unverantwortlichen Menschen nur noch verschärfen und auch von dieser Seite aus die Kette schließen: der souveräne Überstaat kann – da kein demokratischer – nur ein rein obrigkeitsstaatlicher sein. Damit soll nicht gesagt sein, daß es den Menschen in ihm schlecht gehen müßte. Seine »beata tranquillitas« mag eine Art des Friedens sein. Aber das Schöpferische im Menschen und in den

122 *Sozialismus und Nation*, S. 28.

geschichtlich gegebenen menschlichen Gemeinschaften wäre in ihm ausgelöscht. Die Herstellung von »Ordnung« und »Rechtssicherheit« wäre für ihn kein Problem, sondern eine Frage der tatsächlichen Macht, doch Freiheit, die immer eine gefahrvolle ist, und Gerechtigkeit, gäbe es in ihm nicht.

Somit würde die Souveränität der alten Staaten gerechtfertigt erscheinen, weil nur in ihnen jenes Mindestmaß sozialer Homogenität zu erlangen und weil nur in ihnen die Menschen zurückzuführen sind zum Erfassen politischer Verantwortung. Beides sind Voraussetzungen einer demokratisch-freiheitlichen Staatsform. Für ein Denken, das den Staat nur nach seiner technischen Funktion als Rechtssicherungsorganisation bewertet, muß es allerdings gleichgültig sein, in welchem Rahmen man die Menschen organisatorisch zusammenfaßt. Dieses Denken leugnet die Geschichte als etwas »Wirkliches« und Verpflichtendes und das Staatsleben als ein selbständiges Geistes- und Kulturgebiet. Der moderne souveräne Nationalstaat ist gewiß etwas Geschichtliches in dem Sinne, daß er einmal anderen Formen Platz machen wird. Aber wird die Geschichte nicht nur verstanden als eine relativierende Größe, sondern als verfügender Anfang, heute verbindliche und unablässige Gegenwart und als über uns hinausgreifende Zukunft, so liegt in ihr auch die Verpflichtung auf das heute noch gegenwärtige und auch dessen eigentliche Rechtfertigung.

Keineswegs folgt aus all diesem eine Auffassung der Einzelstaaten, die sie in der Rolle individualistisch abgeschlossener Einzelwesen sieht, deren Beziehungen denen zwischen räumlich-substanziellen, mechanisch isolierten Körpern gleicht. Der alte völkerrechtliche Souveränitätsbegriff mit dem Anspruch auf Unabhängigkeit und ausschließliche Selbstbestimmung hat dazu beigetragen, die staatlichen Beziehungen in diesem Lichte zu sehen. Wenn der moderne Einzelstaat mit dem Verlust seiner wirtschaftlichen Autarkie schon um der primitivsten Lebenserhaltung willen auf engste Zusammenarbeit und gegenseitige wirtschaftliche Ergänzung angewiesen ist, so sind darüber hinaus die Beziehungen zwischen Staaten immer solche »geistigen Austauschs und Lebens, d.h. gegenseitiger Gestaltung und Selbstgestaltung«[123] gewesen. Als Oberbegriff des Völkerrechts kann der Souveränitätsbegriff heute weniger denn je gelten, da er in seiner alten Fassung aller koordinationsrechtlichen Elemente entbehrt. Ein von diesem Begriff ausgehendes Völkerrecht stellt die einzelnen Staa-

---

123 SMEND, *Verfassung*, S. 65.

ten nebeneinander, läßt sie Verträge miteinander schließen, legt ihnen einige Verkehrspflichten auf, aber ein Recht, das den Notwendigkeiten der rechtlichen Pflicht zum friedlichen Zusammenleben Ausdruck geben könnte, ist es nicht. Die internationale Praxis, für die Begriffe, wie Integration, Koordination und Kooperation im Vordergrund stehen, weist denn auch nur noch geringe Zusammenhänge mit diesem alten, »individualistischen« (M. HUBER) oder »laissez-faire«[124] Begriff des Völkerrechts auf.

Die rechtliche Sinndeutung der Souveränität kann mithin von dieser Entwicklung nicht unberührt bleiben. Im Völkerrecht ist für den Souveränitätsbegriff als oberste Interpretationsmaxime kein Raum mehr. Ein auf ihm basierendes Recht der internationalen Beziehungen mag noch in Geltung sein zwischen den beiden großen Machtblöcken, in die unsere Welt zerfallen ist. Für ihre innere Ordnung aber gilt ein anderes, dessen soziologische Grundlage nicht mehr die autarke Unabhängigkeit, sondern das gegenseitige Aufeinanderangewiesensein ist. Die *rechtliche* Forderung in dem Gewirr der funktionalen internationalen Kooperation sichtbar zu machen, ist das hier aufgegebene Problem.

Im staatsrechtlichen Begriffe der Souveränität muß die Tatsache der Neben- und Zusammenordnung der Staaten als materiales Moment so gut enthalten sein, wie ihm vom Eigenwert des Menschen seine Grenzen bestimmt werden. Die Souveränität des Staates ist auch in dieser Hinsicht eine dialektische: dem Eigenwert des Einzelstaates steht das umfassende Ganze der Völkergemeinschaft gegenüber. Ihre Grenze findet die Souveränität des Staates an den Ansprüchen der Völkergemeinschaft nicht nur in dem Sinne, daß das Völkerrecht die Kompetenzhoheit der Einzelstaaten begrenzt und ihnen verbietet, über ihren Bereich hinauszugehen. Diese Relativierung der Souveränität ist etwas selbstverständliches. Sondern der souveräne Staat kann in keiner Hinsicht sich selbst das Höchste sein, so problematisch seine Entwertung auch ist. – Eine Rückkehr zu antikem Staatsdenken ist der modernen Welt verwehrt. – Daß die Werte, die ihn binden und ihm zugleich seinen Sinn geben, die der menschlichen Person sind, daß er nie in sich selbst Erfüllung finden kann, bleibt nach innen und außen das Problem der Souveränität. Der materiale Begriff der innerstaatlichen Souveränität der staatlichen Gewalt, der hier dem Staatsrecht aufgegeben ist, wird nur im Zusammenhang einer allgemeinen

---

[124] J. L. BRIERLY, *The Outlook for International Law* (1945), S. 95.

Infragestellung der herrschenden Auffassung vom Wesen des öffentlichen Rechts erarbeitet werden können. Das Monopol der öffentlichen Gewalt des Staates ist dahin. Sein Verhältnis zu den anderen, unser gesellschaftliches Leben bestimmenden großen öffentlichen Mächten herauszuarbeiten und die besonderen Aufgaben deutlich zu machen, die allein seine übergeordnete Souveränität legitimieren können, das ist der hier vorgezeichnete Weg.

Literaturverzeichnis

(Zitate nach dem Namen des Verfassers oder Stichwort, sofern ein solches in KAPITÄLCHEN angegeben ist).

ADLER, MAX, *Die Staatsauffassung des Marxismus.* Ein Beitrag zur Untersuchung von soziologischer und juristischer Methode, Wien 1922.

ALTHUSIUS, JOHANNES, *Politica methodice digesta* (1614), Harvard 1932.

–, Grundbegriffe der Politik – *Deutsches Rechtsdenken,* Heft 3, Frankfurt a.M. 1948.

ALLEN, JOHN W., *History of Political Thought in the Sixteenth Century,* London 1928.

ANSCHÜTZ, GERHARD, *Kommentar zur Weimarer Reichsverfassung,* 14. Aufl., Berlin 1933.

AUSTIN, JOHN, *Lectures on Jurisprudence* (1873), 4th. ed.

BARTH, HANS, *Der philosophische Gedanke in der Politik,* Zürich 1943.

–, *Fluten und Dämme,* Zürich 1943.

BAUDRILLART, HENRI, *Jean Bodin et son temps,* Paris 1853.

BERGGRAV, EIVIND, *Der Staat und der Mensch,* Hamburg 1950.

BILFINGER, CARL, *Völkerrecht und Staatsrecht in der deutschen Verfassungsgeschichte,* Hamburg 1941.

–, Souveräne Gleichheit und internationale Ordnung, *Süddeutsche Juristenzeitung,* 1/IV 1949.

BODIN, JEAN, *De Réspublica, ed. Francofurti* 1596.

BÖHM, FRANZ, *Wirtschaftsordnung und Staatsverfassung,* Tübingen 1950.

BRIERLY, JAMES LESLIE, *The Outlook for International Law,* Oxford 1944.

–, *The law of Nations,* 3. Aufl., Oxford 1942.

BRUNNER, EMIL, *Gerechtigkeit,* Zürich 1943.

CARR, EDWARD HALLETT, *Nationalism and After,* London 1945.

–, *The Twenty Years Crisis,* London 1946.

DIBELIUS, OTTO, *Grenzen des Staates,* Tübingen 1949.

DOCKHORN, KLAUS, Der Begriff des Politischen, *Deutsche Universitätszeitung* 15/IV 1950.

DUGUIT, LÉON, *Traité de Droit constitutionnel,* 3. Aufl. Bd. 1, Paris 1927.

–, *Les Transformations du droit public,* 3. Aufl., Paris 1925.

DURKHEIM, EMILE, *De la division du travail social,* Paris 1893.

–, *Le Suicide,* Paris 1897.

EMERSON, RUPERT, *State and Sovereignty in Modern Germany,* New Haven 1928.

FEIST, ELISABETH, *Weltbild und Staatsidee bei Jean Bodin,* Halle 1930.

FICHTE, JOHANN GOTTLIEB, *Der geschlossene Handelsstaat,* Jena 1920.

FRIEDMANN, WOLFGANG, *The crisis of the National State,* London 1943.

GEHLEN, ARNOLD, *Sozialpsychologische Probleme in der industriellen Gesellschaft,* Tübingen 1949.

GERBER, CARL FRIEDRICH WILHELM VON, *Grundzüge eines Systems des deutschen Staatsrechts,* 3. Aufl., Leipzig 1880.

GIERKE, OTTO VON, *Johannes Althusius und die Entwicklung der naturrechtlichen Staatstheorien,* Breslau 1880.

GIESE, FRIEDRICH, *Allgemeines Staatsrecht,* Tübingen 1948.

GNEIST, RUDOLF VON, *Der Rechtsstaat,* Berlin 1879.

GRAZIA, SEBASTIAN DE, *The Political Community,* Chicago 1948.

HAENEL, ALBERT, *Deutsches Staatsrecht I,* Leipzig 1892.

–, Zur Revision der Methode und Grundbegriffe des Staatsrechts, *Arch.f. öffentl.R.* V 1890, S. 457 ff.

HANCKE, ERNST, *Bodin,* Breslau 1894.

HATSCHEK, JULIUS, *Das Reichsstaatsrecht,* Berlin 1923.

HAUG, HANS, *Die Schranken der Verfassungsrevision,* Zürcher Dissertation 1947.

HEARNSHAW, FOSSEY J. C., *Bodin and the Genesis of the Doctrine of Sovereignty,* London 1924.

HEGEL, GEORG WILHELM FRIEDRICH, *Rechtsphilosophie,* Stuttgart 1928.

–, *Vorlesungen über die Philosophie der Geschichte,* ebd. Bd. 11, Stuttgart 1928.

HEIMANN, EDUARD, *Freedom and Order,* NY 1947.

HELLER, HERMANN, *Die politischen Ideenkreise der Gegenwart,* Breslau 1926.

–, *Die Souveränität.* Ein Beitrag zur Theorie des Staats- und Völkerrechts, Berlin und Leipzig 1927.

–, *Sozialismus und Nation,* 2. Aufl., Berlin 1931.

–, *Staatslehre,* herausgegeben von GERHARD NIEMEYER, Leiden 1934.

HIPPEL, ERNST VON, Recht und Freiheit, *Studium Generale,* Jg. 2 1949, 315 ff.

HUBER, MAX, *Die soziologischen Grundlagen des Völkerrechts,* Berlin 1928.

–, Evangelium und nationale Bewegung, *Kirche und Welt,* Bd. 3, Berlin 1935, S. 45 ff.

–, *Grundlagen nationaler Erneuerung,* Zürich 1934.

–, Gesellschaft und Humanität (= *Vermischte Schriften,* Bd. III), Zürich 1948.

HUIZINGA, JOHANN, *Im Schatten von Morgen,* Bern 1935.

–, *Im Bann der Geschichte,* Basel 1943.

JAEGER, WERNER, *Paideia,* Berlin 1947.

JELLINEK, GEORG, *Die Lehre von den Staatsverbindungen,* Wien 1882.

–, *Gesetz und Verordnung,* Freiburg 1887.

–, *Allgemeine Staatslehre,* 1. Aufl., Berlin 1900.

KÄGI, WERNER, *Historische Meditationen,* Zürich 1942.

–, *Die Verfassung als rechtliche Grundordnung des Staates*, Zürich 1945.

KAUFMANN, ERICH, *Kritik der neukantischen Rechtsphilosophie*, Tübingen 1921.

–, *Über den Begriff des Organismus in der Staatslehre des 19. Jahrhunderts*, Heidelberg 1908.

–, *Das Wesen des Völkerrechts und die clausula rebus sic stantibus*, Tübingen 1911.

–, *Studium zur Staatslehre des monarchischen Prinzips*, Leipzig 1906.

KELSEN, HANS, *Allgemeine Staatslehre*, Tübingen 1925.

–, *Das Problem der Souveränität und die Theorie des Völkerrechts*, Tübingen 1920.

–, *Hauptprobleme der Staatsrechtslehre*, Tübingen 1911.

KERN, ERNST, *Moderner Staat und Staatsbegriff*, Hamburg 1949.

KIRCHHEIMER, OTTO, Remarques sur la theorie de la souveraineté nationale en Allemagne et en France, *Archives de philosophie du droit et de sociologie juridique*, 1934.

–, *Zur Staatslehre des Sozialismus und Bolschewismus*, Bonner jur. Disseratation 1928.

KOELLREUTTER, OTTO, *Deutsches Verfassungsrecht*, Berlin 1935.

–, *Grundriß der Allgemeinen Staatslehre*, Tübingen 1933.

KÖNIG, RENÉ, *Soziologie heute*, Zürich 1949.

KRABBE, HUGO, *Die moderne Staatsidee*, 2. Aufl., Haag 1919.

–, *Die Lehre der Rechtssouveränität*, Haag 1906.

KRÜGER, HERBERT, *Die geistigen Grundlagen des Staates*, Stuttgart und Berlin 1940.

LABAND, PAUL, *Staatsrecht I*, Berlin 1888.

LASKI, HAROLD JOSEPH, *Studies in the problem of sovereignty*, Yale 1917.

LASSWELL, HAROLD D., *Analysis of Political Behaviour*, London 1949.

LAUN, RUDOLF, *Recht und Sittlichkeit*, Hamburg 1924.

LEIBHOLZ, GERHARD, *Das Wesen der Repräsentation*, Berlin u. Leipzig 1929.

LITT, THEODOR, Das Geistesleben und der Staat, *Arch.f.Rechts- und Sozialphilosophie* 38, 1950, S. 449 ff.

LÖWITH, KARL, Max Weber und Karl Marx, *Arch.f.Sozialwissenschaften* 67, 1932, S. 53 ff., S. 175 ff.

MANNHEIM, KARL, *Ideologie und Utopie*, Bonn 1929.

MARCK, SIEGFRIED, *Substanz und Funktionsbegriff in der Rechtsphilosophie*, Tübingen 1925.

MARITAIN, JACQUES, The Concept of Sovereignty, *Am.Pol.Sc.Rev.* vol. XLIV, Nr. 2 (June 1950), pp. 343 ff.

MAULL, OTTO, *Politische Geographie*, Berlin 1925.

MAYO, ELTON, *Probleme industrieller Arbeitsbedingungen*, Frankfurt 1949.

MAYER, EDUARD WILHELM, *Machiavellis Geschichtsauffassung*, München 1912.

MEINECKE, FRIEDRICH, *Die Idee der Staatsräson*, München und Berlin 1924.

–, *Weltbürgertum und Nationalstaat*, 6. Aufl. München 1922., 7. Aufl. München 1928.

MERTON, ROBERT K., *Social Structure*, Illinois 1949.

MEYER, GEORG/ANSCHÜTZ, GERHARD, *Lehrbuch des dt. Staatsrechts,* 7. Aufl. München 1919.
NIEBUHR, REINHOLD, *Die Kinder des Lichts und die Kinder der Finsternis*, München 1947.
–, The Myth of World Government, *The Nation* (March 1946).
NIPPERDEY, HANS CARL, *Die Grundrechte und Grundpflichten der Reichsverfassung,* Berlin 1929.
ORFIELD, LESTER B., *The Amending of the Federal Constitution,* Chicago 1942.
PARSONS, TALCOTT, Some Sociological Aspects, *Social Forces,* vol. 21, (Decembre 1942/43), pp.138.
–, *Essays in Sociological Theory, Pure and Applied*, Glencoe, Ill. 1949.
POETZSCH-HEFFTER, FRITZ, *Handkommentar der Reichsverfassung,* Berlin 1928.
PREUSS, HUGO, *Das deutsche Volk,* Jena 1916.
–, *Reich und Länder,* Berlin 1928.
–, *Das deutsche Volk und die Politik,* Jena 1915.
PUFENDORF, SAMUEL VON, *Die Gemeinschaftspflichten,* Frankfurt a. M. 1948.
RANKE, LEOPOLD VON, *Das politische Gespräch,* Halle 1925.
RANZAU, JOHANN ALBRECHT VON, Individualitätsprinzip, Staatsverherrlichung und deutsche Geschichtsschreibung, *Die Sammlung* 5/V, 1950.
REHM, HERMANN, *Geschichte der Staatsrechtswissenschaft,* Freiburg 1896.
RENZ, FRITZ, *Jean Bodin, Ein Beitrag zur Geschichte der historischen Methode,* 1905.
ROMMEN, HEINRICH, *Die Staatslehre des Franz Suarez,* Mönchen Gladbach 1926.
SCHMITT, CARL, *Der Wert des Staates und die Bedeutung des Einzelnen,* Hellerau 1914.
–, *Politische Theologie, Vier Kapitel zur Lehre von der Souveränität*, München und Leipzig 1922.
–, *Die Diktatur. Von den Anfängen des modernen Souveränitätsgedankens bis zum proletarischen Klassenkampf,* 2. Aufl., München und Leipzig 1928.
–, *Verfassungslehre,* Berlin und Leipzig 1928.
–, *Hugo Preuß,* Sein Staatsbegriff und seine Stellung in der deutschen Staatslehre, Tübingen 1930.
–, *Der Hüter der Verfassung,* Tübingen 1931.
–, *Legalität und Legitimität,* Leipzig 1932.
–, *Über die drei Arten des rechtswissenschaftlichen Denkens,* Hamburg 1934.
–, *Der Leviathan in der Staatslehre des Thomas Hobbes,* Hamburg 1938.
–, *Ex Captivitate Salus,* Köln 1950.
SCHINDLER, DIETRICH, *Verfassungsrecht und soziale Struktur,* Zürich 1932.
–, *Recht und Staat, Völkergemeinschaft.* – Ausgewählte Schriften und Fragmente aus dem Nachlaß, Zürich 1948.
–, *Die Schiedsgerichtsbarkeit seit 1914,* Stuttgart 1938.
–, *Vorwort zu J. L. Brierly, Die Zukunft des Völkerrechts,* deutsche Ausgabe, Zürich 1947.
SCHÖNFELD, WALTHER, *Geschichte der Rechtswissenschaft,* Berlin 1943.

SHILS, EDWARD A., *The Present State of American Sociology,* New York 1948.
SHEPARD, M., Sovereignty, at the Cross Roads. A study of Bodin, 45 *Am.Pol. Sc.Qu* 1930, pp580ff.
SMEND, RUDOLF, *Verfassung und Verfassungsrecht*, München und Leipzig 1928.
–, *Bürger und Bourgeois im deutschen Staatsrecht*, Berlin 1933.
–, Der Einfluss der deutschen Staats- und Verwaltungsrechtslehre auf das Leben in Verfassung und Verwaltung, *Deutsche Rechtswissenschaft,* 4, 1939.
–, Politisches Erlebnis und Staatsdenken seit dem 18. Jahrhundert = *Nachrichten der Akademie der Wissenschaften in Göttingen, Phil.-hist. Klasse*, 1943, Nr. 13.
–, Staat und Kirche nach dem Bonner Grundgesetz, *Zeitschr. f. ev. Kirchenrecht* I, 1951.
STAHL, FRIEDRICH JULIUS, *Philosophie des Rechts,* Tübingen, 1878.
STIER-SOMLO, FRITZ, *Deutsches Reichs- u. Landesstaatsrecht,* Berlin 1924.
THOMA, RICHARD, *Grundriß der Allgemeinen Staatslehre,* Bonn 1948.
TREITSCHKE, HEINRICH VON, *Histor. u. Polit. Aufsätze,* Leipzig 1865.
TROELTSCH, ERNST, *Deutscher Geist und Westeuropa,* Tübingen 1925.
WACKERNAGEL, JACOB, *Der Wert des Staates,* Basel 1934.
WAITZ, GEORG, *Grundzüge der Politik,* Kiel 1862.
WALDECKER, LUDWIG, *Allgemeine Staatslehre,* Berlin 1927.
WEBER, WERNER, *Bonner Grundgesetz und Weimarer Verfassung*, Göttingen 1949.
WENZEL, MAX, *Juristische Grundprobleme*, Berlin 1920.
WITTMAYER, LEO, *Die Weimarer Reichsverfassung,* Tübingen 1922.
WHITEHEAD, THOMAS NORTH, *Leadership,* Cambridge 1949.
WOLF, ERIK, *Große Rechtsdenker,* Tübingen 1944.
WOLZENDORFF, KURT, *Der reine Staat,* Tübingen 1920.
WRIGHT, QUINCY, *A Study of War*, 2 Bände, 4. Aufl., Chicago 1947.

Personenregister

Adler, Max 31
Albrecht, Wilhelm Eduard 13, 15
Alcan, Felix 109
Allen, John W. 84
Althusius, Johannes 35, 85, 92, 95, 100
Anschütz, Gerhard 14, 18, 20, 34, 36
Aristoteles 85, 90, 99
Arndt, Adolf 36
Austin, John 64

Bakke, E. Wight 109
Barth, Hans 45
Baudrillart, Henri 83, 92, 100
Berggrav, Eivind 6
Beseler, Georg 22
Bilfinger, Carl 2, 21
Bluntschli, Johann Caspar 61
Bodin, Jean 18, 21, 27, 35, 43, 73, 82–85, 91–93, 100 f.
Böhm, Franz 108
Born, W. J. 64
Brie, Siegfried 16
Brierly, James Leslie 4, 88, 116
Brunner, Emil 6, 70, 88
Burckhardt, Jacob 83
Burckhardt, Walter 71

Carr, Edward Hallett 88, 113
Cassirer, Ernst 110
Cotamagna, Carlo 82

Dewey, John 64 f.
Dibelius, Otto 6
Dockhorn, Klaus 8
Dombois, Hans Adolf 82
Duguit, Léon 13, 24
Durkheim, Emile 109

Eastwood, R. A. 64
Eisenberg, Phillipp 109
Emerson, Rupert 14

Feist, Elisabeth 84, 91 f.
Freud, Sigmund 108
Fricker, Karl Viktor 23
Friedmann, W. 113
Friedrich, Carl J. 82, 84 f.

Gagern, Heinrich von 63
Gareis, Karl 16
Gebhard, Ludwig 36
Gehlen, Arnold 108, 110 f.
Gerber, Carl Friedrich Wilhelm von 11, 13, 15, 87
Gierke, Otto von 17 f., 22, 23, 60, 82
Giese, Friedrich 36
Gneist, Rudolf von 17, 32, 61, 97
Grazia, Sebastian de 110
Grotius, Hugo 86-88, 92 f.

Haenel, Albert 16-19, 52, 56 f., 67, 81 f., 87, 93
Hancke, Ernst 82
Hatschek, Julius 36
Haug, Hans VI, 6, 25, 28, 33, 36, 44, 50, 63, 69-74, 78 f.
Hearnshaw, Fossey J. C. 83
Heffter, August Wilhelm 36
Hegel, Georg Wilhelm Friedrich 12, 61, 93, 95, 102

Heimann, Eduard 5,
Heller, Hermann V f., 4 f., 11 f., 14–17, 23–25, 27 f., 31, 33–36, 44, 47, 49–63, 65–72, 79, 81 f., 91, 96, 110, 113 f.
Hennis, Wilhelm V f., VIII, IX
Herder, Johann Gottfried 96
Hippel, Ernst von 8
Hobbes, Thomas 35, 45 f.
Hofmannsthal, Hugo von 46
Höhn, Reinhard 38
Holborn, Hajo 48
Huber, Ernst Rudolf 38
Huber, Max 4, 60, 79, 83, 85, 87–90, 94, 116
Huizinga, Johann 84

Jaeger, Werner 100
Jellinek, Georg 12–20, 28, 33–37, 62, 67 f., 73, 79–83, 86

Kägi, Werner 43, 84
Kant, Immanuel 19
Kaufmann, Erich 12, 31, 67, 81, 84, 113
Keeton, G. W. 64
Kelsen, Hans 12, 14, 21, 24 f., 27–35, 37, 52, 58 f.
Kern, Ernst 3
Keynes, John M. 88
Kirchheimer, Otto 12, 32, 63, 65
Koellreutter, Otto 36, 38
König, René 47, 108, 110
Krabbe, Hugo 24–28, 33, 52
Krüger, Herbert 90, 101
Kuyper, Abraham 6, 70

Laband, Paul 13, 17 f., 25
Landshut, Siegfried 90
Laski, Harold Joseph 64
Lasswell, Harold D. 8, 111
Laun, Rudolf 24
Lazarsfeld, Paul F. 109
Lewin, Kurt 109
Liermann, Hans 23
Litt, Theodor 60
Löwith, Karl 108

Machiavelli, Niccolò 83, 100
Mannheim, Karl 48
Marck, Siegfried 31
Maritain, Jacques 1
Martens, Georg F. de 16
Marx, Karl 108
Maull, Otto 84
Mayer, Eduard Wilhelm 100
Mayer, Hans 97
Mayo, Elton 109
Mayr, Richard 83
Meinecke, Friedrich 48, 94
Menzel, Eberhard 38
Merton, Robert K. 110
Meyer, Georg 18, 20
Mommsen, Theodor 60
Montesquieu 94, 102
Müller, Adam Heinrich 102

Niebuhr, Reinhold 5
Niemeyer, Gerhart 50
Novalis 22

Orfield, Lester B. 65

Parsons, Talcott 48, 108, 110
Plato 90, 99 f.
Popper, Karl 90, 95
Preuss, Hugo 1, 11 f., 15, 18 f., 21–24, 26, 28, 36
Pufendorf, Samuel von 101 f.
Pütter, Johann Stephan 93

Ranke, Leopold von 95 f., 103
Ranzau, Johann Albrecht von 7
Rehm, Hermann 80, 81 f., 85
Renz, Fritz 83
Ritchie, David G. 64
Rommen, Heinrich 82
Rosin, Heinrich 16
Rousseau, Jean-Jacques 51

Schindler, Dietrich VI, 1, 4, 20, 32, 49, 60, 65, 69 f., 72, 77–80, 82, 94, 98, 106, 108
Schlözer, August Ludwig von 102

Schmid, Carlo 1
Schmitt, Carl VI, 4 f., 7, 14, 18, 25, 32, 33–46, 48 f., 52, 58–61, 63–65, 68 f., 82, 89, 91
Schmitz, Alfred 91
Schmitz, Thomas VII
Shepard, M. A. 83
Shils, Edward A. 109, 111
Smend, Rudolf IX, 4, 8, 17, 31, 37 f., 45, 47, 51, 59 f., 63, 66, 70, 77, 79, 97, 115
Sohm, Rudolph 60
Stahl, Friedrich Julius 14, 15, 97
Starck, Christian VII, IX
Steiniger, Alfons 64
Stier-Somlo, Fritz 36, 44
Stoerks, Felix 97

Thoma, Richard 17, 36, 43
Treitschke, Heinrich von 17, 49
Triepel, Heinrich 36
Troeltsch, Ernst 46

Wackernagel, Jacob 102
Waitz, Georg 15, 17
Waldecker, Ludwig 36, 82
Weber, Max 18, 22, 53, 108
Weber, Werner 65
Wenzel, Max 36
Whitehead, Thomas North 111
Wittmayer, Leo 36
Wolf, Erik 86, 93
Wolzendorff, Kurt 24
Wright, Quincy 65

Zachariä, Heinrich Albert 12
Zweig, Stefan 112